U0593416

别输在不懂职场法则上

林开平◎编著

北京日报出版社

图书在版编目（CIP）数据

别输在不懂职场法则上 / 林开平编著 . -- 北京：
北京日报出版社 , 2025.1
　ISBN 978-7-5477-4781-0

　Ⅰ . ①别… Ⅱ . ①林… Ⅲ . ①职业选择—通俗读物
Ⅳ . ① C913.2-49

中国国家版本馆 CIP 数据核字 (2024) 第 025119 号

别输在不懂职场法则上

出版发行：北京日报出版社
地　　址：北京市东城区东单三条8-16号东方广场东配楼四层
邮　　编：100005
电　　话：发行部：（010）65255876
　　　　　总编室：（010）65252135
印　　刷：三河市华东印刷有限公司
经　　销：各地新华书店
版　　次：2025年1月第1版
　　　　　2025年1月第1次印刷
开　　本：880毫米×1230毫米　1/32
印　　张：7.5
字　　数：150千字
定　　价：58.00元

目 录

第二章

最初的努力，终将照亮你未来的路

第三章

你不拼命，有什么资格谈未来

第四章
不做职场里的"聪明人"

第五章

每天学一点职场规则

第六章

别扯了，这世上根本就没什么怀才不遇

第七章
没有预见就没有领导力

第八章

为什么有些人容易摔倒在成功后

第一章

机会总是留给有准备的人

职场如战场，随时做好冲锋陷阵的准备

　　美国总统约翰·昆西·亚当斯很不喜欢接受采访，但安妮·罗亚尔却成功采访到了他。采访前，她做了很多细致的工作，设法向总统身边的工作人员打听他的兴趣、爱好及活动规律。她了解到总统习惯早起在一条河边晨练后，便穿上当地女性的服装来到河边，与总统打了几次照面，总统也未认出她是记者，两人还彼此打招呼。如此一来二去，安妮·罗亚尔便获得了总统的采访权，她提出的问题，总统都做了回答，而她也与总统建立起了友谊。后来，那篇采访奠定了安妮·罗亚尔在新闻界不可撼动的地位。当有人向安妮·罗亚尔请教采访成功的秘诀时，她回答："哪有什么秘诀，我只是比别人多做了一些采访准备。"

　　机会的到来隐藏在平时的准备里，准备得越周到，成功的概率就越高。这个道理人人都懂，可要做到却很难。安妮·罗亚尔花了很多时间做采访准备，她在河边"碰到"总统，也是为采访做的准备，即使总统铁石心肠，也会被充足的准备所攻克。成功不是一蹴而就的，如果你的工作目标未能实现，那就多想想你有没有做好迎接挑战的准备。有备而战，才能百战不殆。职场中也是如此，只有做好了准备，当机会来临时，我们才能一展宏图，获得成功。

　　明朝洪武年间，齐泰知道国家急需带兵之人，他不但开始研读兵法，还前往边境地区做了详细的调查。朱元璋年老时，想为孙子朱允炆留下优秀的人才，于是考查各位官员。朱元璋为齐泰举行了一场单独面试，想考查一下他的能力。刚开始，朱元璋只是问问他边军将领的名字，没想到齐泰不慌不忙，对答如流。不仅如此，他还从东说到西，从南说到北，把各地的地形和各地的军情说得毫无遗漏。之后齐泰还从袖子里拿出一本手册，上面的记载十分详细。朱元璋十分惊讶，大为欣赏。他问齐泰何以准备得这么充分，齐泰说："我既然想来兵部，就必须做好准备。"朱元璋看他准备得如此充分，随即将他升为兵部左侍郎。

　　如果事先缺乏周密的准备，机遇也会毫无用处。齐泰的成功在于，他知道国家急需什么人才，并能提前做足准备，如此便在挑战中一举获胜。面对"有备而来"的齐泰，朱元璋当然更愿意选用他。在职场中，如果你中意某项工作，领导不会因为你有志于此就选用你，更会核实你有没有胜任该工作的资格。这个资格就是你有没有做好挑战新任务的准备，准备工作做得周到，才能胸有成竹、有的放矢。如此一来，领导才会认为你有能力担当重任，你才是胜利者。

小张所在的公司，推出了某阅读APP（应用软件），用户定位是大学生。为了增加用户数量，老板让所有员工在下次会议时都提出推广意见和计划。很多员工对这个看似简单的工作都没太当回事。而小张却在开会之前，对大学生在生活和网络中的活跃区域都进行了细致的罗列，就连大学生喜欢看的报纸和杂志都进行了统计。她从统计的名单里，主动联系了几家，咨询推广费用，写出了具体推广方案。在会议上，老板对很多员工的建议都不是很满意。小张将方案提交给老板后说："如果您看了后，觉得不错，可以先在这几家网站和杂志上做试点推广，如果效果显著，可以根据这些名单，进行具体落实。您觉得怎么样？"老板看完后极为欣慰，连连点头说："你准备得很完美，这个工作就交给你了。"

　　小张之所以获得领导的认可，将推广工作交由她全权处理，正是因为她是有备而战的。工作中，当领导吩咐下来某些计划，有没有为此做准备，每个人有着明显的差别：有备而战的人，在想法和行动上都会表现得很具体和全面，有十足的把握打胜仗，而没有做准备的人，不仅想法上不够周到，行动上更可能会蛮干、乱干。在职场，不要做盲目无知、掉以轻心的员工，要时刻秣马厉兵，只有如此，到真的到起用你的时候，才能有备而战，战无不胜。

　　要想得到领导的认可和提拔，事先就必须打下坚实的基础，对各方面都有充分的了解，让领导知道你是有备而战的，那么领导才会信任你，你才具备在接下来的职业生涯中脱颖而出、取得胜利的实力。

　　有备无患，忘战必危。职场中，不要轻易打没有准备的仗，否则就像盲人摸着石头过河，路途坎坷艰险，而且获胜的概率是极小的。法国科学家巴斯德说："机遇只偏爱那些有准备的头脑。"有备而战，预先对工作有充足的把握，才能稳操胜券，把工作做好。

机会哪里都有，要主动去发现

一个人能否成功，在很大程度上要看他能不能赢得和充分利用一次又一次的机遇。而在职场上，机会都是从哪里来的呢？具体来说，你需要做到以下几点。

发现机会

施瓦伯是美国历史上出现的第一个年薪百万美元的高级打工仔。然而，施瓦伯却只受过中学教育，18岁就到一个建筑工地打工。当其他人在抱怨工作辛苦，因薪水低而怠工的时候，施瓦伯却默默地积累着工作经验，并自学建筑知识。一天晚上，同事见施瓦伯在挑灯学习，便讽刺挖苦道："你白天工作已经很累了，晚上还看书，这不是没事找事吗？"对此，施瓦伯回答说："我想我们公司并不缺少普通员工，缺少的是既有工作经验又有专业知识的技术人员或管理者。"施瓦伯的眼光是独到的，公司的确需要这样的管理者。后来，拥有专业知识的他成了这家建筑公司的总经理。

职场中，很多人往往看不出日复一日的工作琐事中有什么值得挖掘的机会。因而，他们拒绝接受低薪的艰苦工作，"挑肥拣瘦"。但事实上，工作环境越是艰苦，所隐藏的机会也就越多，关键就看你会不会发现机会。施瓦伯没有抱怨工作的辛苦，而是从中发现了组织真正需要什么类型的管理者，从而自学建筑学知识弥补弱势，最终成为高级打工仔。

创造机会

小李在一家上市公司任职时，主要负责对公司众多分支机构开展协调工作。一次，小李在工作中发现公司旗下的某个食品系列产品一直在亏损，公司的领导层对此十分烦恼，却又束手无策！发现问题之后，小李利用每天晚上的休息时间，着手开展工作。他设想了一个具体的市场开拓计划，建议公司放弃食品系列产品，将业务集中在方便面开发上，并拟订了一份策划书，交给了老板。老板看后，大为惊叹，当即把小李提拔为公司经理，主管市场开拓。不到一年工夫，他就开发出一款风靡市场的方便面，使公司营业额大增。从此，小李步步高升。

俗话说："自助者天助。"主动是一种态度，更是一种可贵的风范，它能有效地激励自己，更大限度地促进自我的潜能开发。人在职场，想要成功需要机会，而机会绝非唾手可得。如果我们仔细观察就会发现，机会往往不是等来的，在很多时候还得靠自己去创造。小李作为一个小职员，在发现公司发展的瓶颈后，利用闲暇时间撰写策划书，积极为上司解难，这等于为自己创造了一个展现才华的机会，受到赏识也就不难理解了。

争取机会

大学快毕业时，小刘和其他几个毕业生一起到电视台实习。有的人只为混张实习证明，于是一天又一天地坐在办公室里。他不愿这样，看到有记者路过，他就会笑着问："老师，今天干什么？能带我吗？"回答往往是不行。中午吃饭，他又笑嘻嘻地问："老师下午出去，能带我吗？"回答还是不行。就这样，他天天笑着问，终于有一天，有个记者说："你没事的话就跟我一起去吧。"跟了一天回来，他很疲惫，却主动提出写稿子，记者很意外，觉得他很实在。长期下来，他的文笔基础变得很扎实。后来，他被推荐进入电视台任总编助理。

人在职场中，要想脱颖而出，切不可一味等待伯乐上门相才，而要主动争取施展才华的机会。小刘为了获得经验，不辞辛劳争取出去采访的机会。其实小刘未必是那群实习生中最优秀的，他能够脱颖而出，源于他主动争取表现自己的机会。而他这种懂得争取、敢于进取的精神，最终不仅使他收获知识，而且还赢得良好口碑，为后来的发展争取到了更好的平台。

把握机会

麦克德由艾墨尔肥料工厂的一个速记员成长为经理，是因为他能把握好机会。麦克德的经理很懒，老板一直对其很不满。有一次，懒惰的经理叫麦克德替自己编一本老板前往欧洲时用的电报密码。一般人编电码都是随便编几张纸就了事，麦克德却不一样，他是将这些电码用打字机很清楚地打出来，然后装订成一本精美的小册子。老板仔细地看了看电报密码本，然后对经理说："这大概不是你做的。"经理只好坦承是麦克德做的。老板立即命令："你叫他到我这里来。"几天后，麦克德便取代了经理，管理厂里的生产。

机遇并不神秘，也不是可遇不可求的，只要我们在生活中踏破铁鞋地探求某种必然性，机遇便会到来。当机会到来时，我们要做的就是把握机会，展现自己的能力。麦克德在无意中得到了为老板服务的机会，没有敷衍了事，而是精益求精，把事情做到完美，通过一本密码小册子，向老板展示了自己办事细致认真的特点，他因此得到老板的赏识，实在是情理之中的事。

职场如战场，瞬息万变，机会从来不会一直在原地等你。那机会在哪里呢？很明显，机会是要我们自己发现、创造、争取、把握的。只有做到这些，我们才能成为职场上的常胜将军。

"牛刀"也要做好杀"鸡"的准备

任何时代，职场精英都是少之又少。即使你真的是精英，刚一出场也不会有人让你干惊天动地的事业。但寻常岗位俯拾皆是，一般成大器者，也都是从最基础的地方做起的。从这个意义上讲，我们做小事千万不要吝惜自己的才智，用"牛刀"杀"鸡"，更能让你在职场游刃有余。

林则徐官至一品，曾任湖广、陕甘和云贵总督等职，两次受命为钦差大臣。可他刚入职时，不过是一个文员。一次捉笔写新年贺信，让福建巡抚张师诚发现了，除夕夜便把他传到巡抚衙门。张师诚给他一大摞卷宗，并说这是一桩很棘手的案子，让他连夜起草一份奏折，初一早上就要写好，送呈皇上。林则徐也没多问，便静下心来阅读案卷，凝神构思，奋笔疾书。天亮时巡抚大人来到书房，奏折已经写好了。张师诚拿笔改了几个字，又要林则徐誊写，说他拜年回来再看。一个多时辰之后，张师诚回来了，看过一遍奏章全文，便对林则徐道："老夫何其有幸，遇到你这样的英才。连本官都束手无策的案子，你却在一夜之间理出头绪，写出一篇滴水不漏的奏折。就连我故意挑字眼让你誊写也不上火，老夫自愧弗如！你将来的功业必在我之上。请你屈尊做我的幕僚吧……"从此，林则徐开始了一段重要经历。

林则徐一开始当文员，做些抄录的工作，都是很普通的工作，估计一辈子都难成大器。但他的才气和能力，并没有因为事小而被埋没。不要小看了"牛刀"杀"鸡"，一屋不扫何以扫天下？试想，如果林则徐连普通文员都做不来，就算大清国的顶戴花翎再多，也不可能戴在他的头上。所以我们说，你将来能做什么，取决于你现在做了什么。把平时的每一件小事都做到极致，总会有机遇眷顾你。

莱斯·布朗的目标是在广播电台做音乐节目主持人，可去了电台后他却成了一个小跑腿。给播音员送咖啡、买午餐，搬运器材，搞卫生，或是开车接送来电台做嘉宾的名人，等等，无论让他做什么，莱斯·布朗都乐意接受，有时候甚至做得更多。时间长了，他便深得大家的信任。莱斯·布朗成天和名主持在一起，对他们的一举一动耳濡目染，只要有可能，他就会全神贯注地看着播音员们的每一个动作，悉心揣摩他们的手如何在控制面板上移动。有一天，音乐节目主持人罗克喝得烂醉，连话都说不出了，台长想到了莱斯，便让他来救场。没想到他一上场，声音就特有磁力："各位听众，大家好！我是莱斯·布朗，您忠实的音乐使者。我虽然年纪很轻，但却喜欢和大家一起倾听音乐、品味生活……"从此以后，莱斯·布朗便以广播电台为平台，开创出了一番成功的事业，成了美国最富实力的节目主持人和演讲家。

莱斯·布朗心仪音乐节目主持人的职位，但现实只能让他在电台当小跑腿，平心而论，他肯定不会满意。但送咖啡、买饭、开车接送节目嘉宾等，莱斯·布朗做起来还是不亦乐乎。因为在"杀鸡"的过程中，他在播音室悉心观察和揣摩名主持的举手投足，在特殊情境下历练自己，既"杀了鸡"，又练成了"宰牛"的本领。要不然，为罗克救场怎么会那么老道呢？

身在职场，不要以为大材小用就一定是坏事。小用也是用，你的作用不可小觑。飞船上天，对国家来说是伟大的成功，但谈好一桩生意，完成一个零件，甚至把大堂的地板拖干净，对你所在的企业，同样具有伟大的意义。用你的"牛刀"杀好每一只"鸡"，你的职场之路就会越走越宽阔！

君子居之，何陋之有

　　《论语·子罕》记载：有一次，孔子想要去九夷居住。由于九夷非常偏远，闭塞落后不开化，所以，当时就有人劝孔子说："九夷这个地方闭塞落后不开化，十分简陋，您为什么要去那种地方居住和生活呢？"孔子听后，笑着说："君子居之，何陋之有？"孔子说这话的意思就是：只要自己有德行，就算到了闭塞落后不开化的九夷，也可以凭借自己的德行，把九夷这地方变好了！

　　"君子居之，何陋之有？"这是孔子对自己的自信，敢于去挑战不好的环境。刘禹锡在《陋室铭》中也说："山不在高，有仙则名。水不在深，有龙则灵。斯是陋室，惟吾德馨。"也就是说，一个人不管在什么样的环境都不要紧，关键是你本身所具有的品质。孔子和刘禹锡的话，让我联想到了职场。在职场中，很多人经常会说这件事不好做、这个客户不好交流，等等，其实只要你自己肯去做、肯用心做，就算是再不好的客观条件，其实也是可以改变的。

　　1993 年，某公司因亏损严重而被迫撤换管理者。但领导层却为接任者人选而伤脑筋，因为没有谁愿意接手这个烂摊子。最终，只有郭站了出来。很多人笑话他，觉得他这是在自取其辱。因为大家都知道，公司亏损的原因就是老员工带头作乱。但郭以一副"我不入地狱谁入地狱"的姿态，临危受命。他向领导层说道："虽然公司如今被员工给弄得一团糟，但我不畏惧，我一定要处理好人事安排，让公司走向正轨。"郭上任后，重新做了人事安排，将有功劳和没有功劳的员工，都安排到应有的岗位，所有不满的员工全部辞退，所有积极的员工都得到了奖励。谁也没有想到的是，经过郭的改革，很快，该公司就又重新强盛了起来。

　　职场上，有多少人只挑好干的工作、舒服的工作，可是，这样的员工能有什么发展前景呢？只有像郭这样，看到困难的工作不是打退堂鼓，而是敢于承担，敢于去改变，才能把事情做好，才会获得成长，这不但会赢得领导的肯定和认可，也能让自己获得事业的成功。所以，在职场上，当领导交代不容易完成的工作的时候，不要推三阻四，避之唯恐不及，真正有本事的员工，应该主动出击，用自己的努力，把本来不被看好的工作干得漂漂亮亮的！

其实，每一份工作、每一个工作的岗位，都不是可有可无的，它能存在，说明其有重要的意义。所以不要觉得你的工作岗位无意义，不要觉得你的工作地方太差劲，只要你好好去做，并真的做好了，你会收获更大的惊喜。

"君子居之，何陋之有？"孔子这句话给职场人带来很多的启示。不要再抱怨工作苦、工作累了，不要害怕工作不好做、工作做不了了，不要觉得普通的工作没有意义了，只要你是个人才，又何惧不能把工作做好呢？

多一圈定律

马歇尔·多普顿在欧洲考察的时候发现，德国汽车普遍比法国汽车受欢迎，于是他深入工厂一线调查，终于发现了一点：在拧一个微不足道的螺丝时，德国人会比标准上规定的多拧一圈，而法国人出于天性的浪漫，往往是少拧一圈。积少成多，产品质量的最终差异也就出来了。马歇尔·多普顿通过大量的观察和实例发现，取得突出成就的人与取得中等成就的人几乎做了同样多的工作，他们努力的差别很小，最优秀的人往往就是"多拧了一圈"，但是最后，他们取得的成就和大多数人比起来却是天壤之别。

后来，这一点被著名管理大师马歇尔·多普顿总结为"多一圈定律"。世间的事就是如此，没有谁比谁强多少，谁能比别人多拧那一圈，谁能比别人多做一点点，谁就会比别人获得的更多一点，就会比别人更加接近成功。掌握多一圈定律，是走向成功的一个重要方法。

一位成功的推销员在总结自己的成功经验时说："你要想比别人优秀，就必须坚持每天比别人多访问5个客户。""比别人多做一点"，多简单的一句话，却是很多事业成功者的取胜秘诀。事业成功者高于平庸者的秘诀是"比别人多做一点"，是一种坚持，也是一种执着的信念。现实生活中成功者是少数，平庸者是多数。很多人只愿在平坦中漫步，不愿在坎坷中跋涉；只愿在风平浪静下荡舟，不愿在惊涛骇浪中掌握自己的命运之舵。也许这不是主观意识下的行为，但内心总是无意识地逃避困难，给自己找各种开脱的理由。

有一位球员是当今足坛的佼佼者，踢球非常有天赋。但是鲜为人知的是，他还是一个非常勤奋的运动员。他经常主动放弃自己的休假时间，或者提前归队，只为了可以多练球。而且，在训练场上，他几乎都是第一个来，最后一个离开。有一次，媒体记者说："听说你每天都会长时间训练，可是大家都知道你的足球天赋是很好的。"他说："天赋是很重要，但如果不训练，一切天赋都是没有意义的。我想要进球，渴望胜利，想要冠军，既然如此，我就应该比别人付出更多一点，只有我做得比别人多，我才能比别人做得好。"正是因为坚持每天多练一点

点，为赢得比赛起到了关键性的作用，他得到了球迷的
支持和教练的青睐，成为瞩目的球星。

球员每天坚持多练一点点，最后获得的成就却大得惊人。多
做一点是一个良好的习惯。你没有义务做自己职责范围以外的事，
但是你却可以选择自愿去做，来驱策自己快速前进。率先主动是
一种极其珍贵、备受看重的素养，它能使人变得更加敏捷、更加
积极。比别人多出一分力，比别人做得更勤，比别人做得更好，
比别人做得更出色，会为你赢得更多的机会。保持"每天多做一
点"的工作态度，定能使你从工作中脱颖而出。是金子总会发光！

　　卫某 1993 年大学毕业后，进入某证券公司上班。刚
开始，他的职位低微，也没有多少薪水。一段时间后，
卫某发现公司的大部分员工每天一下班就回家了，而总
裁每天都留下来不走，在办公室继续工作到很晚。卫某
觉得自己回家也没什么事，倒不如留下来多做一会，哪
怕是些分外工作也好，多学一点东西总是有好处的。如
果在需要的时候给总裁提供一些帮助，那就更好了，可
以向总裁学习很多工作经验。总裁经常要亲自找文件、
翻资料、查数据、打印东西，等等。很快，他就发现卫
某随时都在等待他的召唤，并且逐渐养成招呼卫某做事
情的习惯……就这样，卫某的行动，每天都在打动着总

裁，使总裁了解到，他的职业素养和敬业精神都可圈可点。没过多长时间，卫某就被提升为资产管理部副总经理，从此走上了一条充满传奇的职场之路。

卫某自动留在办公室加班，并且诚心诚意替总裁做事情。这样做，虽然刚开始没有报酬，但却为自己赢得了总裁的关注，赢得了提升的机会。所以说，在职场上，真正优秀的员工都会特别努力，不只对分内工作尽职尽责，对分外的工作，只要有益于人、有益于单位、有益于社会，也热心去做，而且尽力而为，如此一来，不但可以让自己的工作能力得到提高，也一定会得到领导的器重和组织的重用。

无论你是管理者，还是普通职员，若能抱着"比别人多做一点"的工作态度，你便可从竞争中脱颖而出。你的老板、同事和顾客会关注你、信赖你，你从而也会拥有更多的机会。

飞机在起飞的时候最耗油

曾经看过中央电视台一期访谈节目，访谈的具体内容大都忘却了，但嘉宾的一句话，却像钉钉子一样钉在了我的心坎儿上。他说："飞机在起飞的时候最耗油！"此人23岁当记者，29岁就获得了包括中国新闻奖在内的许多新闻大奖，成为中国很有成就的"名记"。他成功的秘诀是什么？就是他说的那句大实话——"飞机在起飞的时候最耗油！"是的，"飞机在起飞的时候最耗油"，必须开足马力，全力攀升，而一旦进入万米高空，则十分省油而且能自由翱翔。

职场新人，就好比在跑道上滑行的飞机，刚刚进入职场，一定要多耗油，一定要开足马力，全力前行和攀升。据说竹子的最初几年生长非常缓慢，每年也就能生长三五厘米，往往从第五年开始，就会一改常态，以每天近三十厘米的速度疯狂生长，仅仅用六七周的时间就能长到十五米。其实，在最初的几年里，竹子之所以生长缓慢，是因为它将根在土壤里延伸了数百平方米。初入职场的我们亦是如此，刚开始的时候你必须付出很多，因为这些付出都是为了学习、为了积累，就像是竹子为了扎根，这样一来，你未来就会得到更好的成长。

　　2011 年，我从湖南郴州一个矿山里来到北京，进了杂志社当编辑。杂志社总共有十几个编辑，大家竞争很厉害，而我作为一个新人，更觉得压力山大。所以那段时间，我非常用心，上班时间我就给作者出选题，晚上我就帮作者找材料，经常一天就睡四五个小时。有一个同事对我说："你别老是加班了，有时间跟大家聚聚，喝喝酒，唱唱歌。你看我也刚来不久，但是也不用那么拼命啊！"对他的好意我心领了，但我还是想好好编稿。我每天熬夜加班编稿，换来的是三个月之后我就上稿第一名，两年后我成为编辑部主任，如今我是杂志社副主编。而当时比我早进来的那位同事，如今早已不知道跳槽到哪里了。

　　这是我真实的故事。那段时间我之所以那么拼命，是因为我知道作为职场新人，一定要比别人更加努力才行。我要想在杂志社立足和有所建树，就必须比那些老前辈付出更多才行。有一句话说，"更恐怖的是那些比你聪明的人还比你勤奋"。也许聪明与否不是我能左右的，但勤奋这事我可以做到。而且，我也始终觉得，一个人的成功不是偶然，而是一种必然。飞机在起飞时最耗油，职场人在起步时也应该最拼命，只有这样，才能让自己不被淘汰出局。

飞机之所以起飞的时候最耗油，是因为起飞的时候是需要最大付出的关键时期，做到了之后，飞机才能在之后平稳地飞翔在蓝天之下。同样的道理，作为职场新人，越大的工作量反而越能让自己得到成长。如果你有一股不怕苦、不怕累的精神，再加上科学的方法，不但可以把事情做好，还能学到很多东西。毫无疑问，这样的职场员工，成功也一定会更快到来。

飞机在起飞的时候最耗油！员工初入职场的时候可能也是消耗能量最大的时候。但是，只要我们乐于奋斗，敢于拼搏，我们迟早会像飞机一样，舒舒服服地翱翔在职场的蓝天下。

第二章

最初的努力，终将照亮
你未来的路

最强的功夫是"下功夫"

功夫指武功，也指达到一定境界的劳动技能，也是职场人做好工作、实现价值的本领。身在职场，足够的功夫是必需的。但要想出人头地，最强的功夫是什么呢？答案是"下功夫"！"下功夫"才能显示功夫的效用，让你的工作所向披靡。

小李入职火锅店做跑堂，工资也不高。一天，一桌女生刚坐稳就有人起身要走，她们嫌这里的火锅太油腻，不想吃了。有些人爱吃辣，但火锅表面的辣椒油又让女性顾客担心吃了发胖。小李想，要是弄一个"无油火锅"，问题不就解决了？当天晚上，他就发奋研究起"无油火锅"来。火锅里不放油不行，可如何让食客的汤勺光舀汤不舀油呢？想到油比水轻，小李就在汤勺底部钻几个孔，让汤从底部进入汤勺，又用硅胶做成弧形薄片，然后把一端固定在汤勺的内底部。经实验发现，这样的汤勺不仅躲开了油腻，还能在硅胶薄片的作用下一滴不漏地倒进碗里。第二天，小李便找工匠加工出几十把去油汤勺。很快，这家火锅店的"无油火锅"受到食客的普遍喜爱。一把小汤勺，就让火锅店的生意火起来了。小李也升职为大堂经理，工资加了一倍。

小李是新人，发现顾客嫌弃油腻，便发奋研究改进汤勺，取得成功，把火锅店带火了，自己升职加薪。在职场上，以创新精神，改进不合理的工作流程和工作方法，对企业和个人都特别有益。创新，没有现成的路，全靠自己闯出来。肯下功夫，脚下才会有新路。敢想敢干，肯下功夫，工作就会突飞猛进，职场道路就会一路畅通。

小丽南下打工，在一线做销售。当时的她，既不了解商人，也不了解市场，一切都靠自己摸索。一次，她到北京出差，刚一出发就摔伤了腿，又有坐骨神经痛的毛病。北京有个大制冷展示厅，专门展卖空调，他们在那里待了两天。小丽顾不上伤痛，全部心思都在听业务员和展厅经理侃生意经。第三天，小丽到了沈阳，腿疼得厉害，到医院一拍片才知道是骨折了。一次，她独自去某客户处追债。欠债方老总一见面就露出了无赖嘴脸，说货没卖完，一分钱都不能给小丽。小丽在那里坚守四十多天，每天坚持着不肯走。她说："你是不是总经理？你说话算不算数？你如果不给钱也行，那你得把货退给我，要不然，打死我我也绝不会走的。"小丽的坚决让对方不好再赖了，最后只得说："我算服了你了，明天退货给你。"

小丽做销售时，不是自身不适，就是遇到无赖，工作可谓艰难困苦。但她每每都是在工作上下"狠功夫"，所有的困难都被她踩在脚下。职场上，永远不大可能一帆风顺，不管你是男生还是女生、性格怎样，只有经得住风雨，把事做成才是硬道理。工作艰难时，舍得下"狠功夫"，对困难不服输，咬紧牙关克服，你才有机会在职场竞争中胜人一筹。

2014 年，德国某建材公司的推销员小库，在报纸上看到一则迪拜要建世界级赛马场的消息。经实地考察，他从德国各地采集了几十种不同颜色的高品质沙子，向赛马场负责人赫尔兜售。赫尔说："你没问题吧？迪拜最不缺的就是沙子。"小库说："别急，先听我说。迪拜虽然有的是沙子，可这里的沙子颗粒偏大，颇为粗糙，并不适合铺设赛马场。你或许觉得这些沙子完全能用到赛马场里，可一旦用进去后伤到身价动辄千万的纯种赛马，你们的损失将难以估计！"短短几句话，把赫尔吓出一身冷汗。于是他叫来以卡特维勒为首的专家组，从小库带来的几十种沙子中选了两种成色最好的，一单就签了12000吨。小库在公司一炮走红，现在已经是建材公司的首席执行官了。

"疯功夫"就是要以非正常思维向不可能挑战。小库向"沙漠王国"出售沙子，以逆向思维创造了一个不可思议的商业神话。在职场上，没有什么不可能，只有做不对。

功夫和"下功夫"不是一回事。功夫是做事的能力，是本领；"下功夫"是运用功夫于职场，做出业绩。有功夫的朋友，舍得在自己的岗位上"下功夫"，才能在职场上高歌猛进。

成功是逼出来的，未来是拼出来的

某著名心理咨询师一直强调说"催逼意味着重生"，认为成功不全然是自动自发的想法，遇到困难和挫折，要懂得逼自己坚忍图强，才能让自己进步。的确，人生有涯，潜能无限，在职场上，逼自己去解决工作上的难题，原本平凡的你，就可能创造出巨大的成功。

我在杂志社做编辑可以说是得心应手，但近年来新媒体的强势崛起，对纸质媒体或多或少都有一点冲击，领导也因此希望我们开发新媒体。在这个事情上，很多同事想尝试但又不敢挑战，原因很简单，都是因为对网络技术不是特别了解。对于我来说，就更是如此了。我刚来杂志社的时候，连基本的文字处理软件都不会用，我以前投稿甚至是用信件投的。我从不否认我是电脑盲，但我知道熟悉网络对我是有好处的。所以，最终我接过了杂志社开发新媒体的任务。有同事说我："你连基本的软件都不知道，还去做新媒体？"我只回答了一句话："正因为我做不好，所以我想学。"于是，我从一开始的毫无所知到慢慢了解到深入研究，当然这个过程很艰难，但几个月之后我们杂志的微信公众号粉丝就超过了二十万。

回头想想，同事说我的话未必不对，但对于工作，我们真能因为不好完成或者之前完成得不大理想就不去做了？不，绝不能这样。做得不好的事，如果你不做就永远不会变好。虽然我是电脑盲，虽然我知道做新媒体困难重重，但我要去迎接挑战，因为我想要学习、想要改变。最终我也把原本一直做得不好的工作，终于做好了。

在美国中西部南达科他州有一个小男孩，他在祖父的农场里打工，做起了自己的第一份工作——赤手拾牛粪。这个几乎所有人都不愿意做的事，他却做得很好。不久，祖母给他换了新的工作，让他去放牧。这是对他的奖励，因为他拾牛粪表现得很出色。工作得到提升，他很高兴，一个小小的信念在他心中产生。那时他九岁。后来，他在南达科他州的一家肉铺里做帮工，一星期只领一美元。虽然那份工作又脏又累，还让人恶心，但他却接受了，并且做得很好。只因心中那个小小的信念让他一直坚持着、努力着。之后，他成了一名记者，一星期能领五十美元。多年后，他的年薪达到一百五十多万美元。他的成功是因为他坚持了自己的信念，而那个信念就是——即使是自己不喜欢的工作，也要先把它做好，以后得到提升时，就能干自己喜欢的工作了。多么简单而朴素的信念，却造就了一个成功。

我们每一个人都有梦想，或大或小，但又有几个能把它真正地实现呢？那是因为在通往梦想的道路上，我们一定会遇到一些不喜欢做的工作。但是，工作就是一种责任，即使我们本来不喜欢、不乐意做，我们也应该克服自己的心理障碍，要放下身段尽力去适应它、做好它。有人说："尝试去做不爱做的事，你将会大有收获。"在完成工作取得成功的同时，也会获得更多的机会。

小明刚进入公司时只是一个小职员，主要工作是编辑企业内刊和给领导们写讲话稿。那时的老板正雄心勃勃，想要把企业带入规模化发展和高速膨胀的轨道上来。老板动员大家深入市场调研，但因为这份工作又苦又累，又没有额外的报酬，所以没有人愿意去做。最后，只有小明站了出来。据说当时有人跟他说："你干吗自己找罪受啊，这样的苦差大家躲都来不及呢。"小明却说："我也不大想做调研，但领导交代下来的事情，大家都不做的话，那就无法工作了。"此后，小明花了很多时间和精力进行市场调研，并将工作成果汇报给老板。老板非常高兴，从此慢慢地提拔他。而小明在市场调研中学到了很多东西，为自己以后的发展奠定了基础。

经常听到那些成功人士说："机会是抢出来的，是争出来的。"在职场上，当领导交代不容易完成的工作的时候，很多人推三阻四，避之唯恐不及，是少出一些力气了，但结果往往是得不偿失。大家都不乐意做的事，小明自己虽然也不乐意做，却还是逼迫自己去做，刚开始他确实付出了不少，但他最终却学到了本事，能力得到了提高，并且还得到了领导的赏识，这样算下来，他实在是赚大了。

某畅销书作家小米刚从事写作时，常因遭受退稿而灰心丧气。有一天，一位商业巨子对他说："我做小商贩的时候，很容易就把工作做好了，但后来我就想，为什么我不把做好的事做得更好呢？于是，我以后就逼迫自己把每件事做到最好。渐渐地，我的生意也就越做越大了。"小米听后深受启发，从此，他每写完一篇作品后不是急着投稿，而是先尽力修改，争取把每一个细节都做到完美。每当编辑询问稿子的时候，他总是说："稿子写完了，但你们不急的话，我希望再修改修改，尽量做得更好。"最后，他呕心沥血写就的成功心理学著作终于大获成功。在一次采访中，他深有感触地说："成功其实很简单，就是逼迫自己把做好的事情做得更好。"

当面对一个工作任务时，我们习惯于只要完成就好了，但是，这个工作我们是不是做到最好了，就往往被我们忽略了。有人说："做事精益求精，成功必定不远。"在职场上，如果我们也能像小米那样，把做好的每一件事再尽力做到最好，也会让我们受益匪浅。因为有了这样认真负责的工作态度，一定会把工作做得出色，这样的人，也更容易获得成功。

有人认为，一般人的绝大部分潜能没有开发出来。这说明，人的潜能是一个取之不尽用之不竭的矿井，只要逼着自己去开采，一定能收获多多。不得不说的是，所幸世界上有"逼"这件事，我们才能超越自己，完成不容易做到的事，取得成功。

成功在"八小时以外"

　　一次中国曲艺家协会的工作会议结束之后，有记者采访一位知名演员，他总是句句不离相声、不离曲艺。记者想换一个话题，就说："您在相声上的成就没有人不知道。我想问您的业余生活是如何安排的。""业余生活？没有，上班我是搞相声的，下了班我还是搞相声。我没有其他业余生活。"他脱口答道。记者又问："如果有空闲的时间，您做些什么呢？"他说："那我就写作，写相声。"记者最后感叹："原来是'八小时以外'让您成功的啊！"

　　职场上，很多人过着"当一天和尚撞一天钟"的生活，得过且过，分内事勉勉强强地做完，而分外事就爱理不理了。其实，在职场上，这种人是不会有好的发展的。要想有美好的前途，你就需要做得比别人更多，"八小时以外"，你也不应该闲着。

一、多做让自己能力提高的事

　　小齐大学毕业不久，被一家企业录用为工程部经理助理。他学的是化工，上任伊始，做经理助理还真不知道该"助"什么，除非经理很具体地把工作布置给他。凭着自己的干练和出色的文字驾驭能力，小齐暂且应付得还算可以。但他觉得长此下去，将很难胜任工程部的工作，于是，他便在"八小时以外"找来一些有关企业管理和建筑专业的书籍，偷偷当起了学生。身边几个同事笑话他没事找事，工作完了，应该好好玩乐一下才对。但小齐不为所动，依然努力学习，学到了很多知识和技能。随着工程的进展，部门要用的款项越来越多，公司又不给配备财会人员，小齐便兼做财务，谁也没有想到，他把部门的借贷账目管理得井井有条。每逢公司审计财务，工程部都被评为优秀。很快，他也升职做了经理。

　　小齐为什么总能把工作做得井井有条？因为他不但和别的同事一样上班，还在上班之余，通过学习来充实自己，因为他知道自己并非只是在为老板打工，更是在为自己打工。在职场中，在"八小时以外"，我们应该多做可以让自己的能力得到提高的事。这样不但可以得到老板的赞赏，更能提高自己的见识和工作能力。

二、多做使同事团结友爱的事

某周报记者小汪和编辑小钱本来是好朋友，最近却因为在一篇稿子的处理上有分歧，闹起了矛盾，彼此谁也不理会谁。这样的结果就是，小汪不给小钱投稿，小钱不向小汪约稿，周报的稿件质量将得不到保障。广告部的小卜发现事情的端倪后，充当起了和事佬。他向小汪和小钱发出邀请，请他们周末一起来自己家吃饭。刚开始两人都以为小卜只是约了自己，到了他家之后才发现还有刚刚吵过架的对象在。这时候，小卜对他们两个说："你们两个都是为报社着想，何必闹成这样呢？我看这样，今天就给我个面子，大家不要再闹了。"两人本来就没有什么深仇大恨，经小卜这么一说，也就放下芥蒂，重归于好了。后来，领导知道了这件事，多次对小卜进行了表扬。

小汪和小钱作为报社的记者和编辑，却因为意见相左闹起了矛盾，如果不解决好，就将影响报社的正常运作。小卜发现这个情况后，利用周末时间，及时调解，使工作得以正常运行，领导会对小卜进行表扬也是理所当然。可见，在"八小时以外"，要多做可以使同事之间关系更加和睦的事。因为团结同事，将会更有利于工作进度。这样，领导不高兴都难。

三、多做替老板排忧解难的事

萨克斯顿在某传播公司任职时，主要负责对公司众多分支机构开展协调工作。一次，萨克斯顿在工作中发现公司旗下的电影制作公司一直在亏损，公司的领导层对此十分烦恼，却又束手无策！发现问题之后，萨克斯顿利用每天晚上的休息时间开展工作。他设想了一个具体的市场开拓计划，建议电影制作公司卖掉电影制片厂，将业务集中到咨询顾问及推销新产品上，并拟订了一份策划书，交给了老板。老板看后，对他的方案大为赞赏，当即把萨克斯顿提拔为电影制作公司副总裁，主管市场开拓。不到一年工夫，他就使电影制作公司开始赢利。萨克斯顿用业绩向公司管理层证明了他的能力，从而为自己争取了一个更高的职位。

萨克斯顿发现了老板的烦心事后，主动利用自己晚上的休息时间制订解决方案，这样"忧老板之所忧"的员工，老板能不提拔吗？细想来，如果你也能在"八小时以外"的时间里还不忘为老板排忧解难，那老板一定会器重你，因为你让老板省心省力，能把精力放到更重要的事上去，你更会给老板留下好的印象，提拔和晋升的机会自然也就会随之而来。

在职场上，很多人认为多一事不如少一事，因此，八小时以内的事还能做得循规蹈矩，八小时以外的事就不管不理了。

其实，多做"八小时以外"的事，你的职场之路必将畅行无阻。

走自己的路就好了，干吗管别人

　　某公司总裁小时候家里很穷，但是他非常努力，刻苦学习。后来，他选择了进入大公司。当时，身边的很多同事都笑话他，说他一个牛贩子的儿子，没有钱没有势，没有任何背景和靠山，还想着做生意，真是痴心妄想。但是，他却不理会这些闲言碎语，他说："我不管别人怎么说，我只管我怎么做。"他就就业业，披肝沥胆，一路升迁，直到出任总裁。回忆起自己的成长历程，他说："我身为牛贩子的儿子，坚定自己的信念，并为之付出努力。我想告诉年轻人，别害怕失败，别去在意别人的冷嘲热讽，只要你知道自己想去哪里，世界都会为你让步。"

　　这是一位总裁对年轻人的最好忠告！记得一位作家也说过一句话："没人帮得了你成功，但是也没人能阻止你成功。"是啊，成功源于自己的不断努力和不断进取，又何必管别人对你做的事是什么样的态度呢？只要你做到坚持自我，那么请相信，没有人能阻止得了你的成功！

一次，小普交了5美元，和另外几十个人跟着一个答应介绍他们到路易斯安那州甘蔗种植园工作的人乘上一艘小轮船。当小轮船把他们抛在离城48公里的地方调头离去时，他们才知道被骗了。小普非常气愤，他写了一篇报道揭露这个骗局。当报纸发表了他的稿子时，他十分高兴，因为这是他发表的第一篇新闻报道。也因此，他树立了一个远大的理想——当一个记者。不过，对于身边的很多人来说，这简直就是痴人说梦。但小普根本不为所动，他就是想从事新闻媒体工作。从此以后，小普经常给一家报刊写稿，并逐渐引起报社中编辑们的注意。1868年底，一家报社招聘一名记者，小普被录用了，他简直欣喜若狂，他这样描绘自己当时的心情："我，无名小卒，不走运的人，几乎是流浪汉，被选中担任这项工作——这一切都像做梦一般。"

成功的道路充满坎坷，可能会遇到很多人的风言风语，但只要我们自己知道自己该去哪里，我们总会在柳暗花明处，找到属于自己的成长的快乐。那些无聊的嘲笑和讽刺，聪明人都不会理会。因为他们知道，自己无法左右别人的嘴巴，但可以左右自己的努力。但丁说得好："走自己的路，让别人说去吧！"如果带着这种坚定而轻松的心态前行，就一定能找到全世界都会为你让路的智慧和处世哲学。

　　巴尔扎克小时候很爱好文学，父亲却要他学习法律，他就是不听父亲的意见。父亲非常生气，说："你要是再写东西，我就不再给你一分钱。"但巴尔扎克却表示，即使那样他也要写作。父亲最终断绝了巴尔扎克的经济来源，想让他听自己的话。但是巴尔扎克坚信，只要有决心、肯努力，一定能在文学上取得成绩。那段时间，他拼命阅读世界文学名著，天天出入于图书馆和书店，总是来得最早，离开最晚。同时，他还到街上去观察每个人，了解他们的行为习惯，亲身体验他们的生活。经过几年的努力，巴尔扎克出版了一部小说，赢得了法国文学界的一致赞扬，以后一发不可收，佳作不断，最终成为一个文学大师。

　　有人说："信念是人生一路坚守的灯塔，将我们引入风雨的旅途，却能步入成功的彼岸。人的灵魂要是失去坚守的信念，没有有力地指向目标，将会朦胧地遭受风雨艰程，永久地失去成功的彼岸。"是的，当你渴望做成功一件事时，无论别人怎么不支持你、反对你，你都不能放弃心中的信念，只有相信自己，坚持走自己的路，并且为目标不懈努力，才能到达成功的彼岸。

1985 年，某演员已经非常红。但由于公司提供的续约合同非常苛刻，他拒绝续约。此举惹怒了公司高层，竟将他雪藏了。所以连续四百多天，公司不给他拍戏，不给他出唱片，不给他在新闻媒体露脸的机会，一切有关他的信息都在一夜间销声匿迹。但面对这样的打压和伤害，他却没有堕落，因为他知道自己要做的就是演艺工作，他必须为日后的复出做好准备。所以，那段时间，他看了很多影视剧学习演技，同时，他还加倍刻苦地练钢琴、学音乐。老板发现这些后，大吃一惊，他对下属说："即使现在雪藏了他，他出来后还是会红的，因为他太努力。"最终老板亲自出面调解，跟他谈妥了合约。最终，自然也如老板所料，他果然成为一代巨星。

生命因为有了梦想而丰富，梦想因为有了不断地付诸行动而精彩。当一块石头有了梦想，谁也阻挡不了他通向城堡的脚步；当一个人有了愿望，他便有了勇往直前的动力。也许，在职场中，你会遇到别人的破坏和伤害，但是，只要足够努力、足够优秀，谁也无法压制你、阻拦你，正如一位诗人所说，"再巨大的石块，也压不住雨后的春笋"。不是吗？

永远要记得，改变自己才有可能改变别人。不要管别人怎样看待你，你先做好你自己，只要做到最好，那些看不起你的人最后都会后悔的。

做得超出预期，获得才会超出预期

预期是人们对未来情况的估计。在职场，领导对每一位员工都有一个基本估计，这就是领导的预期。一般来说，领导预期与实际状况相符或略高一些，什么都在意料之中，并不会引起多大注意（当然，你比领导预期差得太多除外）。与此相反，假如你做得比领导预期的多一点，自然会给领导留下深刻的印象，让领导刮目相看。

人在职场，有能力不藏不掩，尽数彰显，发挥得超出领导预期，你的收获才能超出自己的预期，到时候领导不重用你重用谁？

让实绩超出领导预期

清朝时，顺天府宛平县城内有一家豆腐坊，十八盘水磨不停地转，每天能做四五十道豆腐，不仅供得上城里人吃，还派十来个伙计担到四乡去卖，生意出奇的好。有一年，豆腐坊来了一个新的小伙计，是木匠出身。大掌柜见小木匠一脸孩子气，就让他先担着半道豆腐出去卖着试试。小木匠担着两个豆腐盘走街串巷，压红肩膀，喊破嗓子，还真给卖完了，大掌柜非常满意，以后就多给他一些豆腐卖。小木匠卖豆腐非常认真，他觉得豆腐盘放在地下容易沾泥，顾客买豆腐总是小心翼翼，就找些木材做材料，给豆腐盘做了短腿，这下再也不必担心豆腐盘沾泥了，所以人们争相购买他的豆腐。再之后，他选了木料做了一辆手推车，推着小车卖豆腐就卖得更多了。惊喜不已的大掌柜很快就让小木匠做了"二把手"。

在大掌柜眼里，小木匠来豆腐坊肯定帮不了什么忙。哪知道，小木匠不但能吃苦，而且善于想点子，把豆腐卖得越来越多，生意越来越好。如此一来，大掌柜自然会对小木匠感到非常吃惊，并随即给他升职加薪了。职场上，你的实绩总在领导的预期之内，就不要埋怨没有人垂青于你。把自己的聪明才智用在工作上，让自己的业绩比领导的预期多一点，给领导一个对你刮目相看的机会，你在职场方能赢得一片天地。

让敬业超出领导预期

　　某年欧洲杯揭幕战，法国2：1战胜对手，一传一射的帕耶可谓一战成名。可谁能想到，多年前，热爱足球的帕耶从四级足球联赛起步，然后得以试训大的俱乐部。然而，大的俱乐部都没有给他机会，因为主教练觉得他只是一个业余球员，是一个在百货商店当导购和售货员的年轻人，所以不无担心他的职业精神。但是，令主教练没有想到的是，帕耶非常热爱足球，他之所以在百货商店当导购和售货员，就是为了能够完成自己的足球梦想。并且，他每天都刻苦训练，他往往都是第一个来球场，最后一个离开球场。最终，他的行为感动了主教练，第二年主教练给了帕耶机会，而帕耶也出乎所有人的意料，绽放出属于自己的光芒，最终成为俱乐部不可或缺的一名关键性球员。

　　主教练原本担心帕耶只是一个业余球员，工作重心是百货公司的导购和售货员，所以一直或多或少地有点看不起帕耶，没有给帕耶机会。但是，后来主教练发现了帕耶对于足球的热爱，也看到了他的努力和拼搏，所以给了他一展才华的机会。职场上，对事业热爱，对事业忠诚一片，全身心地投入工作，就会超乎领导的预期，就会引起领导对你的注意，让你在职场上有更多更好的用武之地。

领导预期是"预"在事先的，如果你想在职场上引起震撼，拓宽自己的发展空间，就要在各个方面超出领导的预期，给领导一个惊喜。做到这一点，你的获得也会超出自己的预期。

不能承受的职场之轻

有这样一个故事：国王让他手下的大臣们比赛，看谁是大力士。比赛的内容是让大臣们把一根鸡毛扔过高墙。几乎所有的大臣都失败了。只有一位大臣很聪明，他抓住身边的一只鸡，一把扔过高墙，然后对国王说："我能把整只鸡都扔过高墙，何况一根鸡毛？"最终这位大臣依靠自己的智慧赢了。

生命中有太多事，看似轻如鸿毛，微不足道，好像对我们没有意义，但就是这些被我们忽略的"轻"，往往可能让我们失去很多。在职场中，就有很多不能承受之轻。如果我们对它们不加重视，不去解决，任由自己在"轻"的世界里浑浑噩噩生存，我们的职场道路只会越走越窄。

薛某是一家物流公司的运输部部长，经过几年的锻炼，公司决定将他升迁为大东南区经理，负责整个区域的货物调配工作。由前线转为幕后，薛某的工作清闲不少，因而对工作变得有点懈怠了。有一天，薛某打电话给同事赵某，准备约他一起打高尔夫球。但赵某对薛某说："不好意思呀，我正在补习英语，准备过几个月去国外读高级管理人员工商管理硕士。"薛某道："我说哥们，咱们现在都已经是公司的中层领导了，你还嫌钱赚得不够啊，要不要这么拼呀？"赵某答道："赚钱是一回事，充实自己又是一回事。总不能咱们才四十出头，就不思进取了吧！我说，你也该多充充电才是呀！"薛某却说："算了吧，我倒觉得没必要。现在薪水不错，工作又没有压力，自由自在，多好呀！"后来，公司人员调整，赵某凭着过硬的知识基础，荣升为"二把手"，而薛某由于"久疏战阵"，被竞争激烈的公司淘汰了。

懈怠就像职场里的一种感冒病毒，我们很容易轻视它，它的危害却不容小觑。薛某升迁后，工作变得清闲了，也正因为如此，他变得贪图安逸，不思进取。当朋友委婉地劝勉他应该"充电"，多储备知识与拓展其他能力时，他却表达了对现状的无限满足感，对朋友的劝告不屑一顾。然而，身在职场，没有什么是真正的"金饭碗"，当面临事业的尴尬局面时，由于知识结构与工作领域的限制，薛某的前景就此变得暗淡无光。因此，身处职场，松懈之情不能轻视。

　　小李大学毕业后，到了一家传媒公司当广告文案策划专员。公司经常要开会，让大家发表自己的想法。而小李由于性格内向，每次开会总是不敢发言。有一次，部门开会讨论一个房地产促销活动的宣传策划方案，领导主动对她说："小李，你每次开会都默不作声，好想法都在你肚子里给憋坏了。怎样，今天谈谈你对这个活动运作的看法？"然而，小李站起身来后，支吾半天，最终只说了句："我没什么好的点子。我听从领导安排。"如此几次后，领导也就不叫她发言了。同事们劝她："小李，你要试着多发言，这样可以展现你的才华，挽回领导逐渐忽视你的不利局面。"可小李却说："领导忽视就忽视吧，反正我也不图升官发财。我就是这个性格，不喜欢发言，不善于发言，难以改变了。"后来领导听到这些，就再也不管她了，过了一段时间后，找了个理由辞退了她。

　　逆水行舟，不进则退。职场里，竞争激烈，每个人都像逆水行驶的小舟，只有不断地精益求精才能行走得更远。小李性格内向，领导也深知，因而在几次开会缄默后，主动给其发言机会，试图让她融入集体。然而，小李却辜负了领导的苦心，浪费了机会。当同事们劝她要做出改变，进行适应时，小李仍旧未引起足够的重视，而是以"不图升官发财""性格使然"为借口，仍旧不思改变，最终被辞退。

阿毛是一家农产品外贸公司的销售部经理。几年前，阿毛远见卓识，和国外一家农贸商城签订了一对一供销合同，成为该商城中国区的唯一供应商，每年的销售额达到近亿元。有一天，有两家单位都想购买五吨骏枣，其中一家就是该商城。然而，公司的库存却仅剩五吨了。为此，阿毛将货物全部给了另外一家单位。由于货源短缺，没有得到货物的商家损失惨重。对方十分气愤。阿毛却说道："咱们都是老熟人了，这点难处你还不能体谅一下吗？"对方非常生气，质问道："既然都这么熟了，为什么还不优先我们？老朋友难道就该受此待遇？"最终对方终止了长期合作的合同，令公司失去了最大的一个客户。老板对此更是愤怒不已，对他进行了严厉的批评和处罚。

阿毛作为销售经理，想对客户群体护旧拓新情有可原。然而，当资源限制时，他选择了轻视老客户利益，幻想求得对方理解，就得不偿失了。要知道，人家愿意和你长期合作，都是建立在双方会互惠互利的基础上，一旦你为了一己私利而弃老朋友于不顾，人家又怎能再愿意交你这样的合作伙伴？职场里，我们经常会犯这样的错误，误以为跟对方熟悉，长期合作愉快，就可以不用心维系了。殊不知，任何关系，不管新旧，都需要慎重对待。

　　沉重的压力为什么往往会让我们进步和成长？因为我们重视它们，从而化压力为动力。而身在职场，我们更不要忽略那些"轻"的事，即使是看起来再细微的事，也应该多些重视。当心啊！别让"轻"毁了我们的职场路。

第三章

你不拼命，有什么
资格谈未来

你是团队里的哪种人

在一个团队里，你会成为怎样的一个人，就看你平常做事的态度。

"这事我不管！" = 团队淘汰者

小李在一家餐厅当上菜员，他自己分内的事做得倒还不错，但他也只管自己上菜这事，别的事就不管不问了。有一天，餐厅的生意特别好，而那天刚好有一个厨师请假了，后厨做菜忙不过来了。厨师长看见小李站在前台也没有什么事干，便跟小李商量说："你进来帮帮忙吧，现在人手不够，菜做不出来。你帮我们打打下手，切切菜什么的，都可以。"小李却说："这事我不管，你叫老板给你配人手吧。我拿的是上菜员的工资，做的自然也是上菜的工作。后厨的活儿我不做，你不用叫我。"

厨师长听了很无语，也很不高兴。后来，他悄悄把这事跟老板说了。老板表面上什么也没说，但过了没多久，就把小李辞退了。

老板为什么把小李辞退了呢？很显然，那是因为老板知道，小李这个人没有一点点的责任心。这样的员工，老板在急需用人时可能会用你，但是，更多情况下会将你视为"毒药"。在一个团队中，需要成员主动、积极地做事，如果遇到了事情，你只顾自己眼前的蝇头小利，或者因为不想多吃一点苦、受一点累，就置之不理，那你就危险了，因为那样迟早会被淘汰掉。

"这事我不会！"=最基层员工

再说说我公司里的一个叫小陈的员工吧，他是我们公司的保安。这小伙子人挺老实可靠的，我也挺喜欢他。但是，他只满足于眼前的工作，不思进取。很早以前，我就告诉他："你还年轻，除了做好保安的工作，也去学学别的东西吧，比如会计、销售什么的，不管学到什么，对你以后都是有好处的。"他听后，总是点头称是。可是，后来我有一次临时有事，需要让他给我做个财务表格的时候，他竟然说："对不起，这事我不会！"我对他还不死心，后来又问他要不要尝试着去推销产品，结果他还是说："这个我也不会！"经过几次这样的事后，我就再也不跟他说什么了，我知道他除了能够做一个基层员工，不会再有更高的成就了，因为——他什么也不会。

团队需要你，就是需要你为团队贡献自己的一份力。像小陈这样，即便人很好也是没用的。我就算很想帮他一把，可是他什么也不学，什么也不会，最终我想给他机会也不可能了。在一个团队里，你若不思进取，就不可能会获得好的发展；你若不想只是做一个基层员工，就要比别人付出更多的努力，只有这样，以后遇事时，你才能获得比别人更多的机会。

"这事我来做！" = 领导左右手

阿森是一家报社的编辑部主任，他在这个岗位上已经做了十年。十年来，阿森做了不少事。2007 年，社长决定跟上时代步伐，推出报纸网络版。对于这个新生事物，很多人不是不想做，就是不敢做。最后，社长说："阿森，这个事你来做吧，怎么样？"阿森说："既然没有人做，这事就由我来做吧。我会努力去做的，但是，我想先说一声，我也不敢保证能做好啊！"社长说："阿森，你知道为什么你一直是我的好主任吗？因为你是我的左右手，有事情的时候，你总会去做，这一点很好。

但是，你知道为什么你一直都是主任，却得不到更高的提升吗？我告诉你，因为你还缺一种敢于负责的勇气。"

别人都不想做的事，别人都不会做的事，阿森会去做，并且会做好，这样的员工，比不会做、不想做的员工好太多了，所以阿森一直都是一位"好主任"，是领导的左右手。在一个团队里，能够做到这样已经相当不错了，但这并不是终点，正如上面这位董事长说的那样，如果想继续提升，就必须敢于负责和担当。我在想，我们为什么不也去做到呢？

"这事我负责！"＝团队领导人

1993 年，刚刚离开校园的阿缪来到当时厦门第一家某连锁餐厅应聘餐厅员工，正式加入了公司的大家庭。经过两年勤奋努力地工作和孜孜不倦地学习，阿缪因其突出的个人表现被任命为餐厅的第一副经理。1999 年，阿缪迎来了他职业生涯中的一个转折点。当时，公司准备在湖南开拓市场，但是派谁去呢？在一次会议中，公司高层组建了湖南的初期团队，想找一个责任人。团队的人都害怕做不好市场，不敢表态。这时，阿缪站了出来，说："这事我负责！我一定要把湖南的市场做好，如果做不好，我也没脸回这里了。"最终高层不但让他成了负责人，更让他成了领导者，因为高层认为"敢于负责的，必定是个领导者"。事实证明，高层没有看错人，不到五年时间，阿缪就把长沙、衡阳、湘潭等几个地区的餐厅业绩做到全国前列。2004 年，阿缪荣获了公司总部颁发的"总裁奖"。

公司高层之所以选择让阿缪成为一个团队的领导者，主要原因就在于阿缪自身所具备的责任心，当面对工作时，他不但敢于去做事，而且敢于负责。而这些，正是一个领导者所必须具备的品质。有人说："一个人承担责任的能量等于未来承载财富的能量！"不错，你要是想在一个团队里当"一把手"，你首先要做的就是，遇事时，你要有敢于担当的态度。

一分耕耘一分收获，一种态度一种结果。所以，请记住一点：在团队里，你想成为什么样的人不是别人能决定的，而是你自己。

与其做孤胆英雄，不如一起创造辉煌

从前，有一个将军派出了一支小部队与敌军对战，最后，敌军全部被歼灭了，而这支小部队也只剩下一名先锋。先锋回来后，对将军说："将军，这次虽然只有我一个人活着回来，但敌人却一个也没有留下，所以，我们还是打了胜仗的。"先锋的意思很明显，就是希望将军奖赏自己。但是将军却说："不错，在军事上，咱们这次算是打了胜仗了，但是，这样的胜仗没有意义。你是活着回来了，但是跟你一起作战的战友却无一幸存。也就是说，这样的胜利不值得大书特书，你要知道，我要的是你带着大家一起凯旋。"

这位将军的话，给了我们很大的启示。其实不光是在战场上，在职场上也是如此。现实中，有很多人做事喜欢独来独往，感觉把自己的事做好了就可以了，从来不管身边的人怎么样，甚至不理会他们的死活。这种做法，实在是不应该的。身在职场，自己努力当然是对的，但光这些还不够，你还需要善于带着别人一起前进，让别人也一起成长，这样，你也会有更多收获。

　　某连锁超市的老总郑某曾在一家小公司上班，当时公司有一位叫小林的新同事。刚开始，大家都轻视甚至疏远小林，因为小林刚刚走出校园，什么业务也不懂。然而，郑某却经常帮助他，让他熟悉工作流程。一次，郑某下班后发现小林还在办公室，就问他怎么回事。小林说自己不懂得计算一项数据，怎么算都不正确。郑某看过之后说："你这样算是不对的，需要重新算起。这样吧，我一步一步教你吧。"没想到这一教，就教了整整一个晚上。小林非常感谢郑某的帮助，以后一直把郑某当成最好的朋友。后来郑某离开公司选择自主创业，小林竟然也放弃了自己的"美差"，追随郑某而去。有人说小林傻，但小林说："我当初进公司，是郑总带着我做事的，他是我的恩人，能给他做事，我义不容辞。我相信他也不会亏待我的。"小林说的没错，随着连锁超市越开越多，小林也成了一个不可或缺的骨干。

　　小林为什么放弃一个很好的工作，而选择跟着郑某做不确定的事？当然是因为他感谢郑某对自己一直以来的帮助，感谢他带着自己从一个什么也不懂的职场菜鸟变为企业精英。老子说："将欲取之，必固与之。"在公司里，如果我们懂得帮助新同事、懂得带领身边人一起进步，那么，那些被我们"带"出来的人，一定也会感谢我们的。从而，也会使我们拥有良好的人际关系。

2010 年，阿峥加盟了某电视剧剧组。虽然只是客串一个小角色，但阿峥却非常敬业。他用自己多年的拍片经验，告诉整个剧组的工作人员怎么工作会更好。有一次，在拍一场病人打针的戏时，扮演病人的年轻演员始终表现不出被扎针后的痛苦。阿峥见了，马上以身作则，拿起针头就扎自己的腿，然后发出一声惨叫，现场的人目瞪口呆，阿峥则笑着说："看到了吗，应该这样叫才像样。"新演员在阿峥的教导下，终于顺利过关。事后，有人对阿峥说："你只是客串，没必要为别人这么折磨自己吧。"阿峥则说："教别人演戏，我发现自己也可以学到很多东西。"不错，正是在教别人演戏的过程中，阿峥挖掘出了自己做导演的潜质。

有人曾这样来形容一个领导："领导就是那么一个人，他知道前进的方向，而且能带领别人一起前进。然而奇怪的是，有一天，他回头一看，发现自己走在一群人的前面。"阿峥很好地诠释了这段话。作为客串演员，他随便走个过场就可以了，但他自己兢兢业业的同时，还不顾疼痛，以身作则，亲自教导年轻的演员演戏。

如此帮助别人，阿峥自己也得到了进步，还使自己越来越具备领导力，这些都为他后来成为一个好导演打下了基础。

1982年，一位叫阿芬的中年妇女加入了某公司。刚进公司，她就建立了一个高效的销售体系。在这个体系里，她组织了数十名推销员一起工作。这些推销员大多和阿芬一样，都是从社会底层进来的，而且年纪偏小，对于销售几乎一窍不通。然而，阿芬却对每个人都无比关心，像照顾自己的孩子一样照顾他们的成长。她总是手把手地指导他们怎样推销产品，怎样与顾客建立良好关系。有一次，有个推销员请阿芬一起去拜访一位顾客，阿芬当时已经得了重感冒，但还是爽快地答应了，而那天还下着滂沱大雨，结果阿芬的病情加重了。这位推销员心里很过意不去，阿芬却说："大家为了共同的事业奋斗，就应该相互帮助。作为比你们早来的人，我有责任带领你们一起进步。"在阿芬的带领下，大家都取得了巨大的成功，人人年薪超百万，公司的业绩自然也节节攀升。而阿芬本人更因此成了最成功的推销员之一。

阿芬热衷于带着别人一起进步的故事，实在值得我们深思。很多时候，带着别人一起前进，是一个人人受益的过程，因为你帮助别人成长了，别人就受益了，别人成长了，公司也就受益了，

　　而综合算下来，其实受益最大的还是自己。比如阿芬，她带着大家一起努力工作，使得公司蓬勃发展，公司效益好了之后，所有人的待遇也都变得更好，而作为功臣的她，自然收获就更多了。

　　曾有人问洛克菲勒："您是如何取得这么大成就的？"洛克菲勒答道："很简单，就是先带身边的人取得成就，当身边的人取得成就了，你自然也就拥有巨大的成就了。"仔细想想，这话确实有道理。如果我们都能懂得"带"别人一起前进，那我们的职场之路会越走越宽。

不要总想着单干，职场容不下"罗宾汉"

2016 年夏天的时候，自媒体在网络上兴起。作为一个资深的媒体人，我也开始跟着同事一起尝试在多个平台开通了自己的账号。由于我接触过一些明星，也比较了解明星八卦，所以我做的是娱乐领域。出乎我意料的是，这次试水竟然让我获得不少收益，我的号也频频上榜各种自媒体百强榜、十强榜。这时，那些同事都有了自己的小团队做自媒体，他们也劝我组建一个团队好好做。可我觉得，我一个人能搞定的事，又何必组建什么团队呢？毕竟，成立一个团队需要巨大的投资，风险不小。于是，我不但继续一个人干，还连续注册了三个个人账号，一时之间，确实做得还算风生水起。但是，很快我就发现自己的做法有多愚蠢了，我一个人运营那么多账号根本力不从心，我写不出那么多稿子，也没空跟粉丝形成有效的互动。账号不可避免地也走向了下坡路，苦苦挣扎。经过一段时间之后，我觉得改变不可避免了，于是开始组建了自己的小团队，全力运营新账号。但是自媒体的风头已经过去了，如今新账号也已经没有多少人记得了。如果跟以前那些同事比较的话，我已经落后不止一点点了。当然，人不能攀比，但是我确实非常后悔当初自己选择了单干，而不是组建团队好好干。正如同事们笑话我一样，他们说："你以前就是一个罗宾汉！"

罗宾汉是谁？罗宾汉是英国民间传说中的英雄人物，人称汉丁顿伯爵。他武艺出众、机智勇敢，仇视官吏和教士，是一位劫富济贫、行侠仗义的绿林英雄。不过，他虽然本领高强，浑身散发着迷人的光彩，但是，他特立独行，喜欢单干。在现代的职场之中，也有很多"罗宾汉"式的员工，有本事却喜欢独来独往。然而，传说中的罗宾汉令人着迷，职场中的罗宾汉却难以被工作团队所接受。

在职场中，一个人的力量是有限的，即使一个人的能力再强，在集体面前，终究显得微不足道。公司要维护自身的利益，必然会要求个人融入集体，强调团队合作的重要性。一些人之所以特立独行，不愿与团队合作，是因为太过自我，太过固执。而他们自我与固执的原因，往往是自视甚高，轻视他人，不愿采纳他人的意见。可是，要知道，自我与固执，本身就是一种"性格病"，会让人变得盲目，容易产生偏见，进而让人犯错，陷入危难。

职场需要人才，但也需要人才融入团队。改正这些个性的"毛病"，丢掉"罗宾汉"的身份，更好地融入团队，才能获得更大的成功。其实，改掉这些"罗宾汉"式的毛病，不仅能更好地融入团队，适应职场，也能让生活变得更加轻松、从容。

曾有人说，一棵树，不足以形成森林，不能阻挡暴风沙尘的侵袭；一滴水，不足以形成江海，不能掀起千层巨浪。个体的力量不论多强大，在集体面前，总显得微不足道。所以，要懂得融入集体，和团队协同作战。这不仅能创造更大的效益，也是让个人成长为优秀员工的捷径之一。

丘福打仗全军覆没带给我们的启示

永乐七年，鞑靼大汗本雅失里杀死明朝使臣郭骥，明成祖大怒，随即命丘福为征虏大将军，领兵十万出发北征，同行的还有四位著名将领，分别是王聪、火真、王忠和李远。

明成祖亲自为大军送行，他相信如此强的兵力，加上有经验的将领，足可以狠狠地教训一下鞑靼。看着大军远去，明成祖的心中却有一种不安油然而生，多年的军事直觉让他觉得自己似乎漏掉了什么，他思虑再三，终于想起，便立刻派人骑快马赶到丘福军中，只为了传达一句话。这句话是对丘福说的："如果有人说敌人很容易战胜，你千万不要相信！"

丘福率领军队一路猛进，赶到了胪朐河，击溃了一些散兵，并抓获了鞑靼的一名尚书。丘福便向他询问敌情，这位尚书倒是个直爽人，也没等丘福用什么酷刑和利诱手段，就主动交代，鞑靼军队主力就在此地北方三十里，如果现在进攻，必然可以轻易获得大胜。丘福十分高兴，干脆就让这个尚书当向导，照着他所指引的方向前进。丘福作为一位久经沙场的将军，竟然如此信任刚刚抓来的俘虏，而从他的年纪看，似乎也早已过了天真无邪的少年时代，但在这件事情上，他实在是天真得过头了。在那位向导的带领下，丘福果然找到了鞑靼的军营，但是并没有多少士兵，那位向导总会解释说，大部队在前面。就这样，不停地追了两天，依然如此，总是那么几百个鞑靼士兵，而且一触即溃。

部下们开始担忧了，他们认为那个向导不怀好意，然而丘福却没有这种意识，第三天，他还是下令部队跟随向导前进。这下子，他的副将李远也坐不住了。李远劝丘福及时回撤，前面可能有埋伏，可是丘福不听，他固执地认为前方必然有鞑靼的大本营，只要前行必可取胜。李远急得跳脚，也顾不得上下级关系，大喊道："皇上和你说过的话，你忘了吗？"这下可惹恼了丘福，他厉声说道："不要多说了，不听我的指挥，就杀了你！"

丘福如同前两日一样地出发了，带路的还是那位向导，这一次他没有让丘福失望，找了很久的鞑靼军队终于出现了，但与丘福所预期的不一样，这些鞑靼骑兵是主动前来的，而且并没有四散奔逃，也没有惊慌失措，反而是吃饱喝足，睡眠充分，此刻正精神焕发地注视着他们。鞑靼骑兵仿佛在说，终于等到你们了……

永乐七年八月，远征军的战报传到了京城，战报简单明了：全军覆没。这是一次惨痛的失败，不但十万大军全部被消灭，丘福、王聪、火真、王忠和李远五员大将也全部战死沙场。

为什么十万大军会全军覆没？很显然，这主要的责任还要归于丘福。

尽管明成祖敏锐地意识到了这支军队最大的隐患就是轻敌冒进，尽管在军队出发后，明成祖还派人专程赶去传达"不要冒进"的指示。可是，丘福偏偏就是一个左耳进、右耳出的人，他把领导交代的话当作耳边风，冒冒失失地深入敌方。这严重违背了答应领导的事情，辜负了领导的良苦用心。在职场，很多人做事不管领导的指示，自己想怎么干就怎么干，这样一个不听领导话的人，做事怎么会成功呢？

李远在发现问题后，第一时间向丘福提出了自己的建议，但是丘福却一味主观地看待问题；当李远提醒他不要忘了皇上说过的话时，他竟然完全丧失了理智，不但用权威批评和吓唬李远，还冥顽不灵地一条道走到黑。在职场上，很多管理者唯我独尊，摆官架子，不但听不进下属的正确劝告，还拿官威镇压下属，那就离失败不远了。

综上所述，丘福统领大军之所以会惨败，主要原因在于他的自以为是，在于他既不听领导的话，也不听下属的话，行事鲁莽，自作主张，难免自取灭亡。

看看身边的同事，有多少人真心跟你

　　某品牌创始人说："很多人说我很成功，挣了多少多少钱，创造了多少多少奇迹，但是我要说的是，我个人再拼命也只能创造很小的成绩，而我的手下有一大群精英人才，他们愿意为我拼命工作，创造价值！"该创始人的话不无道理。作为管理者，重要的不是亲力亲为能做多少工作，而是能聚集多少人才，究竟有多少人真心帮你。

我欣赏你的勇气和自信

　　20 世纪 30 年代，美国经济大萧条时期，某汽车厂连连亏损。有一天，当时的企业高层正在开会讨论是否应该放弃这个项目。这时，阿雷突然闯入会议室，说："请各位领导给我十分钟的时间，让我介绍一个用一年半时间就可以使汽车厂扭亏为盈的方案。"当时与会的高层都为他的鲁莽而感到震惊，然而老板却十分欣赏眼前的这名小职员，赞赏地说："我很欣赏你的勇气和自信，让我们来听一听这个年轻人究竟有什么奇思妙想。"经过一番介绍，老板当即决定提升阿雷为汽车厂的主管。在阿雷的经营下，不到一年，汽车厂便起死回生了。

面对鲁莽而轻狂的下属，老板并没有急于判定下属的行为。有人说："人总有他不懂的事，正是凭着这个，人才能相处在一起，相互保持尊重。"老板正是发现了具有天才禀赋的人，总有不遵循常规的地方，总是敢于打破常规。作为领导者，他选择的是赞赏，选择的是聆听，最终为自己赢得了一员干将。如果领导者不能发现和欣赏人才的特殊性，不知道谁是能人，是不可能带领整个团队实现成功的目标的。

求大家放过灵鹫宫的姐妹

小说《天龙八部》中，虚竹原是少林寺的一个小和尚，误打误撞破解了珍珑棋局，幸运地获得了无崖子、天山童姥等人的功力。江湖众多门派中了天山童姥的生死符，聚众攻打灵鹫宫，慕容复想借机拉拢江湖人士，也积极加入。本无心担任灵鹫宫尊主的虚竹，只想停止双方的杀戮，凭借一己之力阻止了双方的火拼。他不求回报，主动帮大家尝试解除生死符："我帮大家解除生死符后，求大家放过灵鹫宫的姐妹。"说完连连鞠躬。众人获得了自由后，不仅放弃了报仇，还心甘情愿地臣服于灵鹫宫。一心拉拢人心的慕容复只能落荒而逃，而宽容大度的虚竹则成了众人钦佩的新尊主，也化解了江湖人士和灵鹫宫一段难解的矛盾。

天山童姥借助令人痛苦难忍的生死符，没能让各派人士臣服；慕容复一心想拉拢人心，最终归于失败；而虚竹从一个小和尚成长为一派尊主，并不是他的意愿，他不想做尊主、不求回报，武功卓绝却"求人放过"，但灵鹫宫所有人却不离不弃，江湖人士主动臣服，宽容大度的虚竹得到了无数人的真心的支持。作为领导者，不能只顾自己的利益，而把下属当作实现你目标的工具，不然他们即使臣服于你，也不是心甘情愿，一旦形势发生变化就会离心离德。

一个人究竟能创造多少价值，归根结底在于有多少人才甘心为你工作。要想赢得更多的人才归心，不能只凭一两句客套话，要靠独特的眼光和智慧，善于发现下属的长处，并善待之。只有你对下属真心了，下属才可能对你真心。

做事可以找我，功劳不必找我

完成了一项工作，每个人都希望获得相应的功劳。可有的时候，很多工作做了却没有功劳，一些人便会推诿塞责，甚至看着这项工作没人做也不肯主动承担。其实，我们都是公司的一员，当遇到需要做的工作时，应该主动伸手，又何必计较一时的功劳呢？

将公司的利益置于个人功劳之上

韦睿是南北朝时期梁朝的名将，他从不居功自傲，更不会争抢功劳。一次，韦睿率领的军队和其他几位将领率领的军队共同打了一个大胜仗，其他将领纷纷向朝廷报捷，争抢功劳，而唯独功劳最大的韦睿却默不作声。有一位下属说："将军，您若再不请功，恐怕功劳都要被别人分尽了！"韦睿笑着反问："如果让你在战场的胜利和自己的功劳之间选择一样，你会选什么？"下属一时不知如何回答。韦睿笑着说："我若和他们争功，势必会产生一些嫌隙，三军将领不和，战争怎能胜利？这对国家不利。如今，把功劳让给他们，他们得到了好处，在以后的战役中会更勇猛，与我们的合作也会更默契。你说我该不该去争这功劳？"后来，这番话传到了其他将领耳中，他们对韦睿佩服得五体投地。

韦睿和其他将领的区别在于：其他将领打了胜仗，首先想到的是自己的功劳，而韦睿首先想到的却是国家的利益，其境界高下一目了然。其实在职场上也是如此，当从事一项工作时，如果你首先想到的是工作做成了之后自己会有多大的功劳，那么你的眼界便会变得狭窄，一旦发现做成这项工作后自己的功劳远不如自己预期的那样，便会失去工作的动力，甚至会消极抵触，从而延误工作，这样的人怎么会得到领导的信任和重用？如果你的着眼点是工作完成后对公司的益处，那么你便会倾尽全力地进行工作，也会使领导看到你对公司的忠诚和无私奉献的精神，从而对你更加信任。

多做分外的工作，少领分外的功劳

小扬是一家公司厂报编辑部的排版员。一天晚上，丈夫看到她拿着一张报纸校样阅读，便问："你做什么呢？"小扬回答："这是今天排完的报纸，我晚上反正也没什么事，便拿回来帮忙校对一下。"丈夫笑道："你只是一个排版员，编辑校对的事不是你的职责，你何必深更半夜地不睡觉，帮人家看呢？"小扬笑而不语，继续看。突然，她发现报纸上有一个重大错误：本应是2011年年度总结报告，却写成了2012年。这要是流传出去，还不得成为笑柄？丈夫马上说："快给你们领导打电话，这可是一个大功劳。"可小扬却拨通了编辑的电话，告诉了他这件事。丈夫问她为什么，她说："编辑校对本来就不是我的职责，如果我为了抢功劳而直接告诉领导，那将置编辑于何地？"

后来，部门主任调走，那位编辑主动支持小扬竞选主任一职，并向领导坦陈了这件事。领导听后，笑着说："主动帮助同事做不属于自己分内的工作，发现了这么重要的错误，首先想到的不是自己的功劳，这样的员工正是我们最需要的。"于是，他提升小扬为部门主任。

职场中，很多人不喜欢做分外的工作，因为做了也没有功劳。即使是迫不得已帮助同事，也总要标榜一下自己为这份工作所付出的努力。事实上，这样的做法只会使别人看到你斤斤计较、小肚鸡肠的一面。身在职场，不妨多做一些，不要觉得自己做了分外的工作是在为别人挣功劳，你的所作所为都会被领导看在眼里，会增加领导对你的好感。退一步讲，即使领导看不见，你也会赢得同事的信任和好感。而当因为这些分外工作而获得功劳时，不妨让给那些职责所在的同事，这样一方面可以避免令同事陷入尴尬境地，维护良好的同事关系，另一方面也会彰显你的高风亮节，使领导和同事看到你的高尚品质，提升你的职场形象。

没有功劳的工作最终会惠及你自己

张某是一家公司技术部的部长，最近，总经理决定把他调到营销部做部长，一个月后就走马上任。这天，张某把秘书小方叫来，说："通知大家开会，研究一下新产品研发的启动工作。"小方一愣，说："部长，新产品的研发，初期是最难做的，反正您要调走了，何不把这项工作留给继任者。就算您做了，也不可能在一个月内完成，那不是费了半天劲给别人做嫁衣裳了吗，功劳一点都算不到您头上。"张某笑着说："就你会算账！我虽然调走了，不过还是在公司，公司的一切还是和我息息相关。现在市场上竞争激烈，新产品早上市一天都会给公司带来巨大利益。如果因为我的拖延，使我们的产品上市时间晚于竞争对手，我有何面目面对总经理。再说了，我是调到营销部去当部长，新产品早上市一天，对于销售工作可是大有好处的，我也是为了自己以后的工作更好开展！"小方听了，说："怪不得您能当领导，想得就是比我们这些员工多，境界也高！"

"大河有水小河满，大河没水小河干。"有些工作，虽然你做了并不会有什么功劳，但它对公司的发展是有好处的，当公司得到利益的时候，你自然也会从中受益。而且，公司是一个有机的整体，各项工作环环相扣、有机连接，虽然你做了这项工作，并没有什么功劳，可其产生的正面效应却会惠及你可以得到功劳的工作中。退一步讲，即使那些工作不算你的功劳，可是如果因为你的疏忽和拖延而使某些工作无法完成的话，虽然并不在你的职责范围内，可还是会给领导和同事留下不好的印象，最终葬送了自己的职场前途。

事成不必有我的功劳，是一种胸怀，也是一种职场境界。有这种情怀的人，必定是一个胸襟宽广的人，不斤斤计较；必定是一个忠诚企业，一切以企业的得失为出发点的人。这样的人，成为职场达人是必然的。

第四章

不做职场里的"聪明人"

职场最坑人的四个"忠告"

作为职场新人，初入职场，懵懵懂懂，自然会有许多"前辈"来为他们指点迷津。然而，有些"前辈"的忠告非但不利于新人成长，还会让他们沾染坏习惯，既学不到本领，又混不好职场。最近，某媒体就评选出了最坑人的四个职场"忠告"，新人们千万要擦亮双眼。

好工作就是钱多、事少、离家近

我在一次活动上，认识了一个也是从外地来北京打工的小伙子欧阳。他进入了一家刚刚发展起来的公司，做了一名实习程序员。欧阳每天跟着老张，总是很高兴地做很多工作，希望多学到点东西。但是老张有一天却对欧阳说："老弟啊，看你这些日子这么帮我的分上，我有些话想告诉你。咱们这个工作其实不是什么好工作，总是忙忙碌碌的，收入也不高。你一个外地人在北京生活就更不容易了。我就想不明白啊，你为什么不在老家找个工作呢？离家近多好啊，生活上也有人照应。"欧阳听了这番话后，心里打起了退堂鼓。

有些人认为工作轻松、稳定最重要，这样不仅可以付出少就有不错的收入，还可以用节省下来的精力兼顾亲情、爱情和友情，是一笔很赚的"买卖"。然而，一开始的安逸会让人不思进取，以至于整个职业生涯都原地踏步，甚至不进则退。职场从来就不是一个舒服的地方，"一分耕耘，一分收获"才是职场的基本法则。所以，年轻人不妨迎难而上，多接触新事物，多接受挑战，在工作中积累经验，打好职业生涯的基础。

搞关系是主要的，工作能力是次要的

小李来到一家工厂上班，成了一名车间操作工，虽然干活有点累，但她还是每天兢兢业业地做好自己手上的工作。本来她也干得好好的，可是小组长有一天却对她说："小李啊，我告诉你，咱们这样干活，一辈子都不是个头儿。这年头会干活没有用，会拍领导马屁才是关键。你看咱们的主任，会啥呀？啥也不会，就会在领导面前阿谀奉承、邀功讨赏。可是，人家却升到了主任。

咱们呢，不会跟领导搞好关系，工作能力强有什么用啊，谁会看见啊。"小李本来就觉得工作有点累，听了这番话后心也累了。

工作多年还不上不下的"资深员工"会认为职场中人脉和关系才是最重要的，有了领导的关照，才能在职场中走得更快更好。但这些人不懂得，一旦把搞关系放在首位，潜心钻研领导喜好，却忽视了工作能力的提升，最终不但得不到同事的支持，而且当领导发现你无法为公司创造价值，那么等待你的，极有可能是不招待见的"冷宫"。当今职场，为了维护团队和谐而"搞关系"固然值得提倡，但是，新人更应该把精力主要放在提升工作能力上，做"靠谱"的人而不是"靠关系"的人。

别干太好，不然活更多

虽然刚刚进入这家广告公司，但小梁非常能干，老板交代他做的广告设计，他都能做到而且做得很好。有一次，小梁跟着老员工老周做一套房产设计图。老周刚开始几天都没有做，到了快交图了，才粗粗地画了一遍设计图，然后叫小梁拿给领导。小梁说："这张图有些地方有点问题，我再改改肯定可以做得更好。"但是，老周却说："你太傻了吧，我这是故意这么干的。你想啊，总是把广告做得那么好，那领导以后不得天天找你做啊？领导这个人就喜欢使唤听话的，你别被领导忽悠了。事情做得差不多就行了，没有必要还那么较真。否则，以后日子可不好过啊。"听了老周这么一顿说，小梁的工作热情一下子减少了。

职场中的"老油条"深谙"保存实力"之道。他们认为一旦领导发现你能干，就会给你加码，最后自己干的比别人多，工资却没增加，太吃亏。但是，如果初入职场不懂得表现自己、不懂得"抢活"，不能让同事、领导看到你的积极性和潜力，谁会留你呢？办公室不需要"打杂"的人，而需要不可取代的人。另外，活多也意味着领导赏识、机会多，对职业发展很有帮助。所以，珍惜这些机会，不要推三阻四，付出终究是有回报的。

不是自己的事少插手，吃力不讨好

小刘刚到餐馆上班的时候，职位是保安，但他为人很勤快，什么活儿都抢着干，一会儿帮厨房切菜、刷盘子，一会儿又帮保洁部打扫卫生，等等。不管什么事，他都想帮帮忙，他觉得自己学到了挺多东西，所以也就越发乐于做更多的事情。谁知，有一天领班老周却对他说："不是自己的工作，你就别瞎做。我告诉你，你帮别人做事情，就是一种吃力不讨好的行为，做好自己的事情就行了，还整天管闲事干吗？"经老周这么一通说之后，小刘也就听话了，以后他只是做好自己的分内事，再也不参与别的事情了。

在工作中，总有一些公共工作、临时任务需要多方无偿配合，而有些人是能躲就躲、不掺和，理由是"做好了没奖励，做差了挨批评"，还影响本职，最后吃力不讨好。但事实上，多参与工作中的其他事务，多与其他部门沟通配合，一来可以锻炼自己多方面的能力，另一方面也给领导、同事更多了解你的机会。对于新手而言，机遇与风险并存，干不好，就当一次教训；干好了，就是一次提升。所以，能做的就尽量做，因为你不知道这些看似不起眼的小事，会在什么时候给你一份意外的收获。

作为职场新人，对于"前辈"的"忠告"要懂得分辨对错——有些有助于你成长的话语应该听，不利于你成长的话语坚决不听。

"常有理"，为什么受伤的总是你

职场交际，那些以自己为中心的人，明明没有理，或巧言或强辩，却非要给自己搅出理来不可。通常人们把这种人称为"常有理"。具有这种脾性的人，领导不赏识、同事不赞成、下属不拥护，交际上举步维艰，在单位很难混。我们应引以为戒。

对上司莫做懒散型"常有理"

有的人生活懒散，工作拖沓，为了应付上司，经常为自己的不当行为找理由，或者粉饰自己，或者指责别人，变着法儿往自己脸上贴金——这就是懒散型"常有理"。这种"常有理"有很强的自我保护意识，自省能力却较弱，听不进别人的意见，明明自己不对，也能把自己的行为解释得合情合理，让上司难以领导。

　　小李在单位就有懒散的毛病。一天早上，组长问他电脑怎么打不开了，可小李却说："你当我是故意的啊？早上一来就这样，我有什么办法？又不是我弄坏的！"组长讨了个没趣，只好笑笑说："现在是月底了，你赶快把这个月的盘点表交了吧，经理刚才打电话催了。"小李埋怨道："说要就要啊，也不给点时间！"组长解释说："按理说昨天就应该交了，也许你是忘了。"小李狡辩说："我才不是忘了呢，昨天跑了两趟银行，哪有时间啊？弄这个表，小工夫不够用，大工夫又没有，加班你也没权发加班费，叫我怎么办？"组长吃了小李的顶撞，挺尴尬的，就自己找台阶下："那劳你大驾，先打两壶开水去吧！今天正好是你值日。"小李说："你还是饶了我吧，我现在还没缓过神来呢，要是把打开水的事也包了，让你们养成好吃懒做的毛病，我可担不起责任！"组长听了小李的话，鼻子都气歪了。

小李电脑坏了有理，没有按时交盘点表也有理，组长让他打开水他不去还是有理。殊不知这种"常有理"正是职场交际的大忌。在工作上为自己开脱，可以找到无数条理由和借口。但要想为自己赢得良好的交际形象，赢得上司赏识，没有实际行动垫底，任何理由和借口都是苍白的。

对同事莫做抓尖型"常有理"

同事虽不属"五伦",但在单位却同处一隅,日日相伴。有的人工作上逊人一筹、成绩平平,便和同事抓尖抢上风,耍"常有理"。他们为了抬高自己,常常把同事贬得一无是处,"香瓜自己拿,烂杏往别人的筐里装",哪怕对方与之反目也在所不惜。

　　小谭和小杨同是这家艺术设计公司的新人。小杨曾经在学院的设计大赛上获得过一等奖,对小谭有点趾高气扬。一天,领导说客户对小杨的设计不大满意,让小谭帮助搞一下创意。小杨看了小谭的创意说:"就这呀?这么小家子气的东西,怎么拿得出手啊?客户不喜欢我的创意,是他们没水平,那也没必要拿这种东西蒙人家,小谭你说是吧?"小谭听了脸一阵红一阵白,心里很不舒服。后来,小谭接连有好几个方案被采用,小杨不服气了:"就你这也叫设计呀?花钱买这样的设计简直太亏了……我的设计被采用的比别人是少了点,可我不媚俗,不迎合低级趣味,也不像有的人那么会拍马屁。"好像只有她自己才站得正行得端。最近,公司接了两个难得的大项目。小杨和小谭都埋头搞设计,并且尽力在细节上做到完美。最后,小谭的设计双双胜出,小杨只是白忙了一场。对此小杨的"理"更足了:"现在的事就是这样,会干事的不如会'来事'的。小谭人漂亮，和领导关系好，又能买通客户，当然要用她的了。"小谭听了小杨的话，气得下辈子都不想理她了。

作为职场新人，小杨在工作上和小谭相比并没多大差距，可她却竭力贬低别人、抬高自己，对同事耍"常有理"。这种行为，不仅矮化了自身形象，还使同事关系出现僵局。事实上，想让大家知道你有"理"，你越是表白越起反作用，人们除了听声音，更喜欢看行动。

对下属莫做尊长型"常有理"

现实生活中，一些人喜欢以尊长自居，在部属面前耍"常有理"。人们对尊长型"常有理"一向无可奈何，无形中又助长了这种行为的发生，使"常有理"耍得很是得意，即使遭遇周围很多人的不满，也毫不在意。

张总监是个会迷，自打他走马上任，研发部的例会就变得又臭又长。研发部工作事无巨细，就连应该由员工独立完成的工作，都要拿到会上来讨论，使员工厌会情绪日增。某日，张总监对有怨言的员工大光其火："开会怎么了？开会可以统一思想认识，统一技术指标，统一工作流程。怎么这点道理都不明白？你以为这会是开着玩的？连开会都嫌麻烦，还干得了什么……"张总监动不动就对员工如此恶训，让人好不堵心。

一天，讨论广告位，会又开到了八点，小丁问："张总，广告位的事我也不太懂，今天家里还有点事，我能不能先走一会儿？"

张总监说："你这么早回去干吗？会还没开完呢。你这人态度有问题啊！广告位这么重要的事，不想听了？"

小丁说："家里确实有事，我住的也比较远，现在走，十点才能到家。"

没想到张总监说："哦，这样啊！我走过这么多公司，搞研发就没有不加班的。离家远，你可以不干啊！走了，明天就不用再来了！"

从那以后，张总监就处处跟小丁过不去，总是找小丁的麻烦，导致她天天加班也仍然完不成任务，绩效考核被画了好多差。随后他就建议公司把小丁辞退……张总监的行径激起了大家的反对，不久他便因工作业绩不佳被公司免职。

张总监倚仗尊位，违反工作流程开长会，动不动就训人整人，随意摆布员工，不给别人说话的份，要尽了"常有理"。这不仅摧残了员工的积极性，更严重扭曲了自己的交际形象。谁愿意给这样的上司"当兵"啊？做了上司，千万不要以为自己有什么不得了，对下属"常有理"的人，其职业生涯必定是短命的。

以上我们谈的三种"常有理"都是对职场交际极为有害的。如果我们身上有某种"常有理"的影子，一定要忍痛彻底清除，千万不要让这种东西在我们身上固着。

有所不为，方能有所为

　　安吉里的服装工厂曾在经济危机中遭遇重创，面临破产。当时，唯一的救命稻草是赶制出客户预订的一批西装。可是，跟随安吉里多年的老技师布鲁克却要挟安吉里说："你现在必须给我加薪，不然我辞职不干了。没有我，这批货也无法准时赶出来。"布鲁克还鼓动另外一些老技师跟他一起逼迫安吉里，但是那些老技师却选择留在工厂帮忙，并且还对安吉里表示工资可以延期发放。最终，布鲁克未能如愿，只有一走了之。令人没有想到的是，安吉里工厂最后奇迹般地渡过了难关，并在之后成长为一家大公司。那些选择留在安吉里的老技师，全都获得了成功，而出走的布鲁克，后来则一直只是混迹于别的工厂。

在公司遭遇难关时，很多老技师都选择留下尽自己的一份力，而布鲁克却借此要挟老板，以走相逼。最终，那些老员工和布鲁克得到的分别是什么呢？两相对比，已经很好地说明了问题。身在职场，很多事是不能去做的，一旦做了那些有损公司、有损别人的事，就会得不偿失。只有懂得不做那些不好的事，你的职场之路才会越走越宽。

　　我的同事小胡曾和老婆开了一家麻辣烫店。刚开始的时候，生意一直没有起色，小胡也有点愁眉苦脸。一天，有个人对小胡说："现在很多人在麻酱里面偷偷放一点罂粟壳进去，这样会提升食物的鲜味。如果你需要，我也可以搞一些给你，保证你的生意会越来越好。"小胡却连连摇头："我是希望生意好一点，但我绝不做违法的事。如果非得干见不得人的事才能让我赚到钱，我宁愿关了这家小店。"那人不屑地说："别人都那么做，你不做就是傻。"小胡说："我宁愿当傻子，也不愿当坏人。"不久之后，周围很多麻辣烫店因添加罂粟壳被查处，而小胡的麻辣烫店由于良心经营而被越来越多的人喜欢。

　　小胡真的是傻吗？当小胡告诉我这件事时，我告诉他，这是他的大智慧。因为不管做什么工作，都不要投机倒把，而是应该老老实实地做事。投机倒把的人刚开始可能会取得一时的成功，但到头来会落得不好的下场；相反，老实做事的人刚开始可能会吃点亏，但最后却会得到应有的回报。职场中，只有老老实实做事，不为了利益而胡作非为，才能让你的事业做大做强。

小李刚大学毕业时进了一家建筑公司当采购员，公司所需的建筑器材有一部分由他采购。因为建筑公司对器材需求量很大，因此那些器材商店都想跟小李搞好关系，指望小李多在他们的商店购买器材。有一次，一家器材商店的老板就对小李说："你是采购员，掌握采购大权。但据我所知，你的工资待遇很低，而你家庭条件一般。现在我想跟你商量一下，你以后多在我店里购买器材，我每次都给你回扣，这样一来，不出半年你就能在这里买个房子了，怎么样？你放心，我可以保证这事神不知鬼不觉，哪怕你们公司老板来问我，我也说就是按照发票的价钱卖给你的。"小李正色道："这种事我是不会做的，我本来还想多从你这里买器材的，但你这样说，以后我也不敢在你这里买了。"这事后来被建筑公司的老板知道，老板对小李大加赞赏，并立即提拔他为采购部经理。

很多职场人经不起利益的诱惑，从而做出有损公司利益的事，虽然刚开始可能获得了一些好处，但是天网恢恢疏而不漏，最终的结果只能是得不偿失。小李面对金钱的诱惑时，没有心动更没有行动，因为他知道，身在职场，不能占便宜，不能做贪赃枉法的事。正是如此，他获得了领导的赏识。职场中，我们不应该去做偷鸡摸狗的事情，而是应该恪守本分。规规矩矩做事，光明磊落为人，离成功就不远了。

身在职场，有些事可以做，有些事就万万不能做。

拿公家的东西送人情，不是真正的人情

　　小刘是一家帽子工厂的设计师。她的一位闺密很喜欢戴帽子，所以，小刘总是在每月新款帽子一上市时，就从厂里拿一顶送给闺密。闺密当然很欢喜，总是说小刘对她真好。小刘觉得这样挺好，反正不用花自己的钱，还可以帮到闺密。可是后来，工厂制定了规定，不再允许内部人员随便拿帽子。于是，小刘就停止了给闺密寄送帽子。几个月后，闺密打电话问小刘怎么都不给她寄帽子了，小刘只好以实情相告。闺密听了之后，当时没有说什么，但后来她却跑去告诉另一个朋友，说小刘说的未必是实情，就算是实情，送个帽子也不肯，未免太小气。小刘听到这些后，心里很不是滋味，更后悔当初自己随便赠送帽子。

小刘拿工厂的帽子送人情时，得到了闺密的感激，但一旦停止了这种人情，却遭到闺密的埋怨和指责，真是令人唏嘘不已。在生活中，我们也许常常需要送点人情，毕竟我们都希望用更好的态度增进彼此的感情。然而，如果拿公家的东西送人情，就是不牢固的，因为这样建立起来的关系缺乏真诚。而一旦你停止了送人情，对方还会怪你小气、吝啬。可见，这样的送人情还是早断了为妙。

> 李某是一家文学杂志的编辑部主任，他制定了竞稿机制，谁上稿多，谁就赚得多。这个机制可以提高编辑的工作积极性，但李某也发现，这对新来的编辑来说会非常困难。新编辑小胡看着挺有潜力的，但上稿就不是很理想。李某想帮小胡一把，就偶尔写点文章私下给小胡，让小胡的稿子也能上得来。李某以为这样一来，小胡会对自己感恩戴德，但他后来却发现自己错了，而且错得很离谱。有一次，李某无意中听到小胡跟别人谈起自己，小胡说："李主任虽然会帮我，但我觉得他肯定帮助别的编辑更多，因为别的编辑上稿都比我好。可见李主任这人很偏心。"李某没有想到自己好心成了驴肝肺，发誓以后再也不做这样的好人。

在送人情的过程中，有的人常走上歧途，拿单位的利益去笼络人心、收买人情，实在让人叹息。李某照顾小胡上稿，虽有一丝偏心，却也是偏向于小胡。但是他这么做，反而让小胡觉得他的做事风格就是这样，因此认为他必定更加偏心别人。可见，你用单位的利益去送人情，人家可能还觉得你不是真的对他好。你这样的送人情，结果真是适得其反。

　　一次，从外地回来的小宋来找老同学小闫。小闫为了尽地主之谊，把小宋带到了一家高档的酒店吃饭。饭后，小宋争着抢着要买单，小闫却不肯，还说："这餐馆跟我们公司有合作关系，我带你来吃饭不用钱，只要我签个字就行了，到时公司报销。"小宋说："那怎么行！我们这次是私事，不是公干。"但是小闫却笑道："你就别傻了，有便宜我们肯定要占啊。"小宋一下子觉得小闫不值得交往了，因为一个损公肥私的人必定没有原则，人品肯定有问题。这顿饭后，小宋再也没有跟小闫联系了。小闫后来还很不理解地想道："为什么吃了一顿饭后，小宋却与我走得更远了呢？"

　　有一些人，总喜欢拿公家的财物向熟人朋友大献殷勤、大做人情。请朋友吃饭报销，这种现象很普遍。但是你有没有想过，你这样做，让你邀请的朋友怎么想？他会感激你的盛情吗？不会的。他会觉得又不是你花钱请他，谈不上你对他的感情有多深。更重要的是，他会觉得你损公肥私，是一个没有道德操守的人。

所以，这样的送人情，只会让你得不偿失。

工厂规定，产品合格率如果低于 97%，每低一个百分点，就扣车间主任 300 元工资。上个月，第二车间的产品合格率是 95%，车间主任赵某面临 600 元钱的处罚。这天，负责质检的王某悄悄找到赵某，对他说："这个月我给你报合格率是 96%，少罚你 300 元钱。你家里经济条件不好，手头缺钱，我能帮就帮点。再说，你这个月工作很努力，不比其他车间主任差，产品合格率低也不是你一个人的错。"赵某听了之后，忙说："还是老兄你够意思，以后有需要兄弟的地方，兄弟赴汤蹈火，在所不辞。"此后，遇到类似事情时，王某对赵某总是网开一面，赵某也以自己的方式回报他。时间长了就露出马脚，有人向厂领导汇报，王某被免去质检科科长的职务。

身为质检科科长，王某应该明白自己肩负的责任，理当严格按照工厂的规章制度行事，站好岗、把好关。可是他拿工厂的利益换人情，为赵某弄虚作假，最终被免职也是理所当然。在职场上，人情大不过规章制度。利用职务之便对那些应该受到处罚的人睁一只眼闭一只眼，以此来换取人情，让他人觉得犯了错误可以不受惩罚，规章制度不放在心上，工作就会懈怠。单位不是某一个人的，单位利益受损，你也会受到应有的处罚，得不偿失。

人情要用真心的付出得来，拿公家的东西来买人情，买不到真正的人情。而且，你需要知道的一点是，你拿公家利益所拉拢的人也不会觉得你对他好，所以他也不会对你以诚相待。

拿领导欺压同事，你会得不偿失

现代职场，员工把领导当主心骨、当核心，这对领导开展工作、提高团队执行力是非常有益的。但如果我们在这一点上剑走偏锋，倚仗领导的地位狐假虎威，一有风吹草动，便拿领导的威风来欺压同事，对于营造自己的职场人脉，是非常有害的。

艾米在一家电子产品公司手机研发部跑腿干杂事，同事汉密尔顿却一直看艾米不顺眼。这一段时间，老板叫了木匠，在研发部的大房子里边通通包了木板，这表明又要有新机型问世了。艾米一看到这情景就兴奋地问道："汉密尔顿先生，是不是新一代手机就要出生了？祝贺你们的成功啊！"汉密尔顿说："关你什么事啊，你小小的职员有资格理这些吗？研发工作全程保密，老板对泄密者一律以开除论处。如果你不想让他们失望，就从这个屋子滚出去。"艾米无辜挨了汉密尔顿一通狂喷，气

得差点发疯，跟他吵起架来。

任何领导都有一定权威，但它绝不是你用来吓人、压人的工具。别以为领导只给你一个人当，别以为可以拿他的"势"为所欲为。如果领导是阳光，同样会照到你的"对立面"。与同事合不来，就借势压人，自然为人所不齿，别想有人会看好你。

在职场上，我们与同事有隔阂，应该在共事中化解，再大的恩怨，也该让它无声无息地湮灭，绝不可把它带到工作中，借领导的权欺压同事，以怨报怨。拿领导的公权力为我所用，蓄意给同事制造麻烦，最终，只会给自己带来更大的麻烦。

民国时，丁某和陈某都在一家羊肉馆当伙计。羊肉馆的大掌柜也姓丁，丁某攀上了本家，颇受大掌柜赏识。他是管采买的。羊肉馆用的都是内蒙古乌兰察布地区三岁的大尾巴绵羊。这种羊的肉肉质上乘，再加上陈某的刀工，把羊肉片切得薄如蝉翼，轻轻一涮就熟烂如泥，鲜嫩无比。近一段时间，丁某偷懒，从涿州就近进了百十只绵羊。在切肉时，陈某发觉有异，便说："这羊怕是买错了地方吧？要么就是不够年龄，手都切得起了血泡，肉片也切得不像原来那么薄了。"丁某怕偷懒的事败露，便说："不说你的手艺变坏了，和羊有什么关系呀？大掌柜是我亲叔，我敢马虎吗？知道大掌柜是干什么的吧？你可不要乱说，不然，让你卷铺盖走人，谁也管不了。"陈某怪纳闷的，直接去问大掌柜。大掌柜发现缘由后，重重处罚了丁某。

陈某质疑羊"买错了地方"，丁某心中有鬼，便拿大掌柜压他，让陈某很不服。在职场上，自己的工作没有做好，怕人家说，便以和领导关系好自居，拿领导的"位"压人，实际一点好处都没有，只能让人低看。在职场上求生存，有能力、有人脉说话就有底气。但单靠与领导的关系好就太薄弱了，用它来压同事更是职场大忌。

同事既是竞争对手，又是合作伙伴。我们在职场打拼，与同事"共享"一个领导，不能把领导当成自己的私有工具。与同事有摩擦，寻求领导的帮助是可以的，但决不能狐假虎威，拿领导的权威和地位欺压同事。否则的话，只会让你的人缘越来越差，职场之路岌岌可危。

耍小聪明的往往吃大亏

所有的领导都害怕下属欺骗自己，尤其是有关公司的资产、纪律、形象，更不容许有人侵犯。可是现实中，很多下属会犯这样的错误，总以为领导是好骗的，所以就变着各种招儿来忽悠领导，暗地里耍小聪明，但是领导真的是傻子吗？事实上，答案只有一个：不可能！

脚踏两只船

小胡刚刚进了一家杂志社当文字编辑，但他对于编辑工作好像不是很尽心，反而喜欢写稿子，经常在工作时间给别的杂志写稿。同事劝他不要这么做，毕竟领导要是知道了肯定会不高兴的。但是小胡说："怕什么，我都是用笔名在外面发表文章的。"同事不解地说："你刚来杂志社不久，应该多想着做好本职的工作才对啊。你把精力用在给别人写稿上，为什么不花时间和精力做好自己现在的工作呢？"小胡说："正因为我刚来，收入不高，所以我必须在外面发表稿子，赚点外快。"同事见他冥顽不灵，也就不说话了。但是纸是包不住火的，最终主编还是发现了小胡做兼职的行为，当即就让他卷铺盖走人。

有人说："兼职的人我不会重用，有些人可能认为这样的人有能力，可是他们并不忠实于我们，如果他们集中精力为本公司做事，可能有更好的效益。""一心不能二用"是常识，公司需要一心一意的人。如果下属有兼职行为，还可能会影响其他人的士气，这是对公司和领导的不尊重。每个领导都不喜欢自己的下属"脚踏两只船"，一心二用。别把领导当傻子，以为他好欺骗，不管你是工作时间，还是工作之余做兼职，被领导发觉了，必然都没有好果子吃。所以说，"脚踏两只船"的人，永远都有掉下船的危险。

做表面文章

小宋在一家服装厂上班，主要工作就是裁剪布匹。一次，领导来视察工作，说大家裁布浪费得太多，因为很多人裁布的时候，只求速度，所以裁剪坏了的布匹就会很多，那些都被弃之不用。小宋听后赶紧说："领导，我裁不好的布全部弄整齐放在一起，有不少还可以利用。"领导对小宋伸出了大拇指，并说："大家一定要向小宋学习，这样可以让咱们减少过多的浪费。"可是领导前脚刚走，他就是另一种表现了，他胡乱裁剪，浪费了不少布，还对其他同事说："领导走了，就没必要那么认真，反正领导也很少来这里，你那么细心也是白搭。"同事们纷纷对他露出了鄙夷的神色。后来，领导风闻了这件事，对小宋的印象一落千丈。

在领导眼前干活，就干得很卖力；领导看不见了，便马上现出了原形，不再理会了。小宋这样做，只能反映出他表里不一的品质和工作态度。这种人，又怎么可能获得工作上的成就？现实中，就有太多人这样，在领导面前便卖力表现，领导看不见了便敷衍塞责。可是，领导真的那么好骗吗？也许你能蒙蔽领导一时，可你能蒙蔽领导一世吗？一旦领导发现你的真面目，他会怎么看你？所以，不要想着只做做表面功夫了，只有脚踏实地、认认真真做好每一件事，才是正道。

占公司便宜

单位的好几个同事是外地来的，所以住在单位的宿舍楼里。领导考虑到大家周末的时候在外面吃饭花销太大，就特意腾出了一个房间当厨房，让大家周末可以自己做饭。刚开始，大家都挺高兴的，因为这样可以省下不少钱。可是后来，大家却发现做饭很困难了。原来，小李谈了一个对象，一到周末，他就会带着对象来单位做饭。这样一来，单位其他同事就不好意思再一起做饭了。有同事曾委婉地提醒小李，让他不要老是占用单位里的东西。可是小李说："反正领导也不知道，用单位这点东西，对领导也没有什么损失，我不用白不用。"同事们见他这样不讲究，后来只好悄悄地去领导那里说明情况。领导知道后，非常生气地批评了小李一顿。

某饭店两名员工偷拿厨房两个苹果后遭解雇，这两名员工不服，分别诉诸法院，要求恢复劳动关系，但法院认为公司解聘有理，维持原判，驳回员工请求。初一看这则新闻，很多人会对这两名员工抱以同情，可细细想来，这都是因为他们公私不分。公私不分一般容易出现在老员工身上，把领导当成傻子，在行为上显得不拘小节，把公司的资源拿来私用，小到一张纸、一支笔，大到电脑、汽车随便私用，用公司的电话解决私人问题，在工作的时间干私活，等等。对这样的员工，老板真的可能都不知道吗？所以，不要真的以为欺骗得了领导，为一时的占小便宜而沾沾自喜，老板一旦追究起来，到时候你想推脱也跑不掉了。

　　领导当然不是傻子，绝大多数领导都是经过自己的努力奋斗才取得今天的成就，他们作为一个团体的领头人，都有着自己的原则和公司制度。这些原则和公司制度支持着领导开展工作。如果你把领导当成傻子，想忽悠领导，那其实你才是傻子，最终吃亏的也只有你。

《拉·封丹寓言》中的职场启示

拉·封丹是法国古典文学的代表作家之一。他的作品被后人整理为《拉·封丹寓言》，与《伊索寓言》和《克雷洛夫寓言》并称为世界三大寓言，成为全人类的精神财富。拉封丹的寓言寓意深刻，极具智慧，即使对现代职场来说，也具有很大的启示意义。

模仿老鹰的乌鸦：盲目模仿别人会自取灭亡

老鹰叼走了一只绵羊，享受了一顿美餐。一只乌鸦见到了，便立刻想学他。乌鸦尽管身单力薄，嘴却特别馋。他在羊群上空盘旋，盯上了羊群中最肥美的那只羊。乌鸦贪婪地注视着这只羊，自言自语地说道："我虽不知你是吃谁的奶长大的，但你的身体如此丰腴，我只好选你做我的晚餐了！"说罢，他呼啦啦带着风就扑向这只咩咩叫唤的肥羊。绵羊可不是奶酪，乌鸦不仅没把肥羊带到天空，他的爪子反而被羊卷曲的长毛紧紧地缠住了。这只倒霉的乌鸦脱身无术，牧人赶过来逮住他并把他投进了笼子，成为孩子的玩物。

职场启示：乌鸦见老鹰能够抓羊，就也想跟老鹰一样。可是，乌鸦根本没有想过，自己和老鹰的能力是存在明显差距的。不自量力的结果，就是他自己被抓。在职场上，看到别人的成功，我们当然可以借鉴，但千万不要盲目模仿。做任何事都必须量力而行，别人的成功方法可能正是导致你失败的原因。我们应从故事中汲取教训，以正确的态度对待工作。

狐狸和鹤：伤害别人总会遭到报复

一天，狐狸请鹤吃饭，可他却很吝啬，端出一只平底的小盘子，盘子里盛了一点儿肉汤，他还连声说："鹤大姐，别客气，请吃吧，吃吧！"鹤一看，非常生气，因为她的嘴巴又尖又长，盘子里的肉汤一点也喝不到。鹤对狐狸笑笑："谢谢您的午餐，明天请到我们家吃饭吧！"第二天，狐狸一进鹤家的门就闻到一股香味。他仔细嗅了嗅："嗯，准是在烧鲜鱼！"心里不由暗暗高兴。狐狸坐到饭桌前，不一会儿，鹤端出一只长颈瓶子放到狐狸面前,指着瓶子里的鱼和鲜汤说:"狐狸先生,请吃吧,别客气!"狐狸望着那么一点大的瓶口,他那阔嘴巴怎么也伸不进去。没办法,狐狸只得饿着肚皮回家了。

职场启示:狐狸表面上是请鹤吃饭,实际上却是在故意捉弄、刁难鹤,因为用平底的盘子,鹤根本吃不到。但是,很快鹤就用鱼报复了狐狸。在职场上,很多人喜欢欺负别人,看别人的笑话,殊不知,对别人的伤害其实也是对自己的伤害,因为被伤害的人总会找机会报复你的。

母猎狗和她的伙伴:不要做得寸进尺的人

一只母猎狗快要分娩,她请求她的伙伴把草屋借给她。母猎狗在那里就此闭门不出。过了些时日,她的伙伴回来了,母猎狗请她再延期十五天,她说她的孩子们刚刚会走路,说得简单一点,她得到了准许。第二次的期限又到了,对方又向她讨还房子。她又请求说:"麻烦再给我一些时间吧,我的孩子还小。"到了第三次的约定时间,她的伙伴又来要房子了,这次母猎狗露出了她的牙齿说:"我准备撤出我的全部兵马,只要你有能力把我们赶到外面。"原来她的孩子已经都很强健了。

职场启示：母猎狗向伙伴寻求帮助，人家答应了，好心帮了她。但到了约定时间，母猎狗却一而再再而三地请求延长时间，到最后竟然霸占着房子不还给人家了。这实在太不像话了。但是，在职场上，也有这样的人，总是对别人得寸进尺，别人帮助了他，他不但不知道感恩，最后还可能为了一点点利益就翻脸不认人。这样的人，怎么可能在职场走得长远呢？

孔雀向朱诺抱怨：你没有资格要求比别人多

孔雀向朱诺诉苦说："你赐给我的歌喉，整个自然界都不喜欢，可是黄莺，那小小的生命，发出的声音清脆而又甜蜜，只有他一个去把春光独占。"朱诺愤怒地回答说："忌妒的鸟，你应该闭嘴，在你的脖子周围大家都能看到一条像各色丝绸一样美的彩虹，当你缓步行走的时候你展开了华丽的羽毛，于是在我们的眼前好像见到满屏的珠宝。这样的你难道还要去妒忌黄莺的歌喉吗？和你相比，世界上没有鸟更能获得别人的喜爱。一种动物不应具备所有的优点。我们赐给你们的是不同的天赋。所以你还是停止你的抱怨，要不，为了惩罚你，我要使你失去你的羽毛。"

职场启示：孔雀拥有漂亮的羽毛，却不知道满足，反而还向朱诺抱怨，觉得朱诺给自己的不够多，因为黄莺会唱很动听的歌，但自己的声音却并不十分美妙。这让人联想到了在职场上，总有一些人跟领导抱怨说，别的同事有什么什么机会，而自己没有之类的。其实，每个人的机会都是均等的，不能总盯着别人碗里的，而是应该做好自己。

　　《拉·封丹寓言》是一部启迪心智的不朽之作，它不仅有着恒久的艺术魅力，如若反复研读，你会发现其实用价值同样不可估量。从以上四则寓言故事中，想必大家都受到了一些职场启发，希望大家能在工作中更上一层楼！

第五章

每天学一点职场规则

"橡皮人"，是谁断送了你的前程

在大学同学聚会时，觥筹交错之间，有位很要好的同学老陈，自嘲称："现在我是一个'橡皮人'，在座的'橡皮人'一起干杯！"一伙人蜂拥而上。狂欢之余，我却在反思："我是不是一个橡皮人呢？一个没有神经，没有痛感，没有效率，没有反应，整个人犹如橡皮做成的，不接受任何新生事物和意见、对批评表扬无所谓、没有耻辱和荣誉感的人。"随后，那位同学洋洋洒洒地举例说明。

记得有一次老总要求企划部拿出一个新开发方案，我连续奋斗三个晚上，终于把最满意的开发方案交到了老总那里。后来，这个方案受到总部的表彰，但是受表彰的人却是老总和副总。我做得最多、成绩最好、效率最高，但是升迁的都是别人。虽然我知道没有绝对公平的地方，我也曾经满怀雄心壮志，但一次次惨败，让我产生怀疑，我不如龟缩成一块橡皮，麻痹自己，我行我素。虽然其他同事认为我孤高不可接近，但是我也乐意接受这样的评价，不与他们为伍。

老陈非常自信，但是不能过度。虽然方案是他的创意，但是离不开老总和副总的指导和推荐。如果老陈不一直躺在过去的经验和成绩上，总有一天老总会发现他的潜质和能力，提拔更不在话下。作为职场中人，活到老学到老，其实并不是要求老陈掌握多少新知识、新技能，而是需要和单位的同事和新人多交流，得到他们的助力，加上自己的经验，工作照样能做得十分完美，而且能与同事之间更好相处。妙招推荐：多尝试结识更多的新朋友，与不曾深入交往的同事换一种交流方式，让自己的沟通发生大变样。

朋友公司有一位前辈老赵，已经在单位工作十多年了，他对单位的工作内容和流程，甚至单位的每一个角落都十分熟悉。他经常对新同事说："记得有一次，领导让我组织一次野外活动，我鞍前马后，把工作做得十分圆满。但是返回工作岗位后，即使领导表扬几句、发些奖金，我的生活还是单调的，日复一日，不会发生任何变化。没有关系网和出色的交际能力，只能原地踏步，我感到十分郁闷，我就是一块习惯性的橡皮。"无论是老同事还是新同事，也渐渐忽略了他的存在，出去活动也没有人主动叫他。

司空见惯，习惯让人失去了原有的敏锐和兴趣，最终沦落为像赵伟一样的"橡皮人"，对公司发生的事情和变化，变得没有任何感觉。"一块习惯性的橡皮"，是所有橡皮心理中最可怕的一个。作为职场中人，要不断地给自己树立新的目标，千万不能对任何东西都失去兴趣，就像赵伟说的那样，这种状态令自己十分郁闷。不如多找机会，多与单位的同事沟通一些新东西，多关注公司的现阶段发展和长远发展目标，然后多提升自己的能力，更好地与同事相处，更好地帮助公司发展。妙招推荐：每天对自己说"我有一个新目标"；制订一些短期目标，邀请同事参与然后全力完成。

密友小陈原在市高中担任高二班主任，前景很好。有一次学校征集论文，上报省教育厅评奖。她精心挑选了一篇最好的文章交上去，但是结果评选出来却是另一位同事获奖。后来她才知道那位同事篡改了她的作品，修改了题目，代替了她的作品参赛资格。她理直气壮地跑到级组长那里质问，令她十分意外的是，级组长竟然默许了这种事情的发生，说："那位老师面临评高级职称，机会难得。"当她努力争取却换不来公正的评价时，她只好听之任之，成了名副其实的"橡皮人"，在以后的工作中，用一种无声的对抗反对学校存在的不足和问题。后来，她的班级成绩下降，她也被学校调到偏远的学校任教。

小陈的性格过于尖锐，如果她能把这次不公看成一次对自己的认可，或许正好帮助自己在领导和同事那里建立一个良好的形象。任何单位的职场都会存在这样那样的不足和问题，任何人都是经历了这种不公平走过来的。有时候吃些亏，也是工作正常的一部分，而且是必须要吃的亏。别总站在自己的角度看问题，不妨尝试换个角度，最后选择最好的解决方式，帮助自己更好地在职场生存和发展。妙招推荐：用开放的心态看待职场中存在的不足和问题，借助这些条件为自己营造更好的人生发展台阶。

"橡皮人"最初是因为职场中的种种问题造成的，是一种不能处理好同事关系的心理疾病。而"橡皮人"的一举一动又像蝴蝶效应一般，无形中影响着周围人的心情和行为。只有做一个努力改变自己的人，我们的人生才无悔！既然"橡皮人"心中也对自己的处境十分郁闷，不如走出自己的天地，多接纳周围的同事，多与同事合作工作，战胜橡皮心理并不是一件难事。

哪怕是小事，也不能忽视

南非有一位企业家建了一所女子学院，在那里女孩子们能受到良好的教育，还能学习怎样自立。企业家需要一个负责人兼教师。学校董事会向企业家推荐了一个年轻妇女，但企业家见过那位女青年后，却莫名其妙地拒绝给她任何机会。后来，企业家说了原因："那个女青年来我这儿时，穿着昂贵的时装，戴的手套却肮脏破烂，鞋上的扣子近一半已掉了。一个邋遢的女人不适合做任何女孩的老师。"

"天下难事必作于易，天下大事必作于细。"想成就一番事业，必须从简单的事情做起，把小事做好。在社会竞争中，决定成败的也是细节。细节，让精细者旗开得胜，让粗心者功败垂成。有人这样说："什么是'不简单'？把每一件简单的事情做好就是'不简单'。什么是'不平凡'？把每一件平凡的事情做好就是'不平凡'。"正所谓成也小事，败也小事。

我们每天的生活其实就是由一件件小的事情组成的。所谓的训练有素，其实就是从小事一点点地积累，所以小事不小，只有把小事都尽心尽力地做好，才能为做大事做好准备，也只有在做小事中培养我们的细心、爱心、耐心，才有可能在遇到大事时举重若轻。

小杨是知名大学的毕业生，他以优异的成绩进入了一家省级机关。他雄心万丈，本想一展拳脚，不料上班后才发现，每日的工作无非是些琐碎事务。这让他大失所望。一次单位开会，部门的同事们都在彻夜准备文件，分配给他的工作是装订和封套。领导再三叮嘱："一定要做好准备工作，别到时弄得措手不及。"他却不以为然：小孩子也会的事，还用得着这样告诉大学生吗？当同事们都在忙碌时，他却只是在旁边看报纸。文件终于交到他手里。他开始一件件装订，没想到只订了几份，订书机就"喀"的一响，原来是订书钉用完了。小杨漫不经心地抽开订书钉的纸盒，脑中"轰"的一声——里面是空的。他翻箱倒柜之后，竟连一根都找不到。此时已是深夜十一点半了，而文件必须在次日八点大会召开之前发到代表手中。领导大怒道："连这点小事也做不好，你这个大学生有什么用啊！"

在通往成功的路上，真正的障碍，有时只是一点点疏忽与轻视，就像那一盒小小的订书钉。因此，要知道：职场上根本不存在什么不值得做的事情，你接受的最小的一件事也同样重要，也需要你全心全意地把它做好——即便它们很琐碎，很微不足道！而很多员工对此却不以为然，在工作中时常闹情绪。一切从小事做起，是任何一名员工做好工作的第一步，也是员工调整好心态，积极主动去工作的第一步。

成功者与失败者的相同之处在于，他们都做着同样简单的小事；而他们的不同之处则在于，成功者从不认为他们所做的事是简单的小事，而失败者从不认为他们所做的事会有什么大不了。要做一名成功者，你就要记住：每个人所做的工作，本身就都是由小事构成的，你必须全身心地付出你的热情和努力，才能把每件事真正做到完美。

别做围着磨盘打转的驴

先讲个故事吧。

白马和灰驴是好朋友。它陪唐僧到西天取经回来后，到磨坊看望了多年不见的灰驴。白马谈起了旅途上浩瀚的沙漠、高耸的山峰，还有那些闻所未闻的奇人奇事，让灰驴听得大为惊叹："那么遥远的路，我简直连想都不敢想啊！"白马说："其实，这些年你我走过的路差不多一样长。当我们向西天前进的时候，你一步也没有停止过。不同的是，我和师父时刻在向着一个遥远的目标前进，所以才有那么多奇异的经历。而你被蒙住了眼睛，长时间围着磨盘打转，见不到任何风景，当然就显得孤陋寡闻啦。"灰驴觉得白马说得极是，自己很忙碌，也很辛苦，虽然和白马的工作经历一样长，但见识却比白马差远了。

驴是一种勤勉的动物，有耐力而不知疲倦，人就利用这种特性给驴戴上了眼罩去拉磨，而习惯了之后驴也会按照人的设想不停地围着磨盘打转，周而复始，就像行星围绕着太阳公转一样，从来不会偏离预定的轨道。然而，在职场打拼的朋友，很多时候也会成为围着磨盘打转的驴。

忙忙碌碌，荒芜能力

戴维和威廉在大学是最要好的同学，毕业后又同在一家化工企业谋到了职位。戴维喜欢行政工作，便获准到公司的办公室做行政人员，而威廉则被分到车间做了一名技术员。戴维非常爱自己的工作，他几乎承揽了办公室所有的琐事，连文员都显得富余了。企业各部门的后勤保障、日常考勤、对外接待，等等，每天都把他搞得焦头烂额。因而，他觉得过得非常充实、非常惬意。可是几年过去了，别人都加薪升职了，只有戴维几乎原地踏步。这让他心里很不平衡，于是找到老板说："是不是公司把我给忘了？怎么从来都不给我加薪啊？就连威廉工资都翻倍了，我哪比他差了？"老板说："威廉掌握了流水线的核心技术，是个难得的专家型人才，现在已经是顶梁柱了。可你这几年，做的都是琐碎的工作，你长了什么能力呢？"戴维很委屈，说："我的工作那么麻烦、那么多，成天累得半死，哪还有精力做别的啊？"

老板说："现实就是这样，你每天做着任何人都能做的事，有什么用？"戴维欲哭无泪……

戴维是一个爱岗敬业的人，工作苦点累点都不在话下。但他安于做那些琐事，却影响了自身的发展。和戴维一同进的公司，威廉成了流水线的专家，戴维仍然在办公室里当跑腿，显然是落后了。纷繁琐事对公司来说固然需要人做，但长时间淹没其中，荒废了自己的能力，无异于围着磨盘打转的驴，很难走出自己的精彩。

马马虎虎，耽误工作

我认识一个年轻人叫小田，他是某大学生物工程系的高才生，毕业后，受聘于一个药业集团，凭良好的专业能力和人际交往能力，很快就在上百名新员工中脱颖而出。为了培养他，老总特意把他调到总部工作，也好让他见习公司管理。小田到总部不久，就赶上了药业的新产品推介会。这次会议斥资上千万元，邀请了国内数百家客户。经过一个多月的精心筹备，推介会真的开得很热闹、很成功。但老总不满意的是，有十几家铁杆用户竟没有派人参会，居然还有人打电话来质问老总，为什么这么大的举动没通知他们。老总感到很诧异，一追查才知道，小田负责联络那一块，整整一页 A4 纸的客户都没通知。这不是小田第一次犯的马虎，更不是最后一次。如今四五年过去了，小田一直没有被提拔。

其实，小田并非无能之辈，被领导相中本来也算是一件幸事。但因工作上的一次次疏忽，小田给领导留下马虎的印象，毫无疑问，这对小田十分不利。当官的也是"一朝被蛇咬，十年怕井绳"，再有重要的工作分派给小田，肯定要仔细掂量。谁敢保证他以后就不再马虎呢？因马虎而贻误工作，损伤了自己的职场形象，难免被人打入磨坊，到头来你就只有拉磨的份儿了。

糊里糊涂，一败涂地

三国时，袁术在安徽寿春称帝。曹操率十七万大军来攻打寿春城，打了好一阵子，也没打下来。后来，曹军天天叫嚣，袁术也未出战，曹军的粮食越来越少，袁术却在城里偷着乐。一天，曹军的仓官王垕禀报曹操说："丞相，如今兵多粮少，眼看军粮就要吃完了，我们怎么办呢？"曹操说："这好办，你用小斛给兵士分发粮米，不就可以救急了吗？"王垕说："倘若兵士怪怨起来，犯上作乱该如何是好？"曹操说："这你就不用管了，本丞相自有办法。"于是，王垕也不假思考，就按曹操的命令，用小斛分发粮米。曹操却派人暗中打探兵士的反应，果然下面将士一片哗然，都说被丞相欺骗了，要反。于是曹操便密召王垕说："我想向你借一件东西，以息众怒，你可不要吝惜啊。"王垕说："丞相想借什么东西，尽管说便是。"曹操说："我想借你项上人头一用，可否？"王垕大惊失色，说："用小斛放粮是您的主意，我实在无罪！"曹操说："我知道你无罪，但是如果不杀你，军心就难以稳定。"王垕再想申辩时，曹操已喊出刀斧手，把他推出门外砍了，然后悬人头于高杆，并贴出告示："王垕故行小斛，盗窃官粮，谨正军法。"于是众怒平息。

　　王垕为曹老板做仓官，军中缺粮了，曹老板给他出了个歪主意，让他用小斛放粮。王垕好像也没长脑子，也不想想这事背后的猫腻，结果当了"替罪羊"，被曹操给出卖了。在职场，按照老板的意见办事是应该的，但如果对领导一味听从，不懂得想想自己的处境，那么，就别怪领导会把你当驴使唤。要知道，你只是老板的一颗棋子而已，丢卒保帅和丢车保帅对他来说都一样。

　　研究表明，芸芸众生中，真正的天才与白痴都是极少数，绝大多数人的智力都相差不多。然而，这些人在走过漫长的人生之路后，有的功盖天下，有的却碌碌无为。这本是智力相近的一群人，为何他们的成就却有天壤之别呢？看了上面的三个故事，我们应该有所了解了吧！

跟着别人犯错误，是最愚蠢的错误

身在职场，犯错总是难免的。有时是我们自己会犯错误，有时是同事会犯错误。大家都知道，当同事犯了错误之后，我们应当善意提醒，帮助他改正错误。但在很多时候，我们却和犯错者站在了同一条"战线"上，导致自己也跟着犯错。

公司要置办一批办公用品，老板便安排马某带着刚来不久的姚某一起负责采购。姚某见老板如此栽培，便事事虚心求教。这天两人按照列表选好了物品，可等到结账时，本来五千多元的物品，马某竟然让商家开了六千元的发票，姚某不解，便问道："马哥，您这是？不怕公司查出来吗？"而马某不在乎地说："你新来的不知道，公司有的是钱，不拿白不拿，到时候请你吃饭啊。"事后，马某真的请客吃饭，也趁机向他传授了自己的"经验"。眼看着多开的发票被财务正常报销，姚某也打起了主意，在后来自己采购的过程中多次虚开发票。好景不长，公司不久就发现采购费用有问题，细查之下两人的行为曝光，两人在返还多余钱款之后，被公司扫地出门。

马某利用职务之便，在采购过程中虚开发票，这种损公肥私的行为，姚某不但不加以制止，反而深以为妙，并学以致用，自己也跟着同事占公司便宜，最终被公司开除，只能说是咎由自取。公司与个人是建立在信任基础上的合作共赢关系，公司强大，自己才能"大树底下好乘凉"，自己的前途才能有保障。如果每个人看到别人占了公司的便宜而心生忌妒，自己也跟着参与其中，就算能捞到一丁点的短暂的好处，也迟早是害人害己。

张某在一家公司工作五年了，也算是元老级别的了。最近公司提拔一批中层，不料结果下来，一名来公司仅有两年的研究生成功晋升，这让张某很是委屈，便找来同科室的柳某抱怨："你说这算什么啊？我辛辛苦苦干了这么多年，没有功劳也有苦劳吧，他小李才来几天啊，有学历就了不起啊，他刚来时还不是我帮助他？这单位太让人寒心了。"柳某也苦笑道："认了吧，这是高学历的时代。""小柳你来公司也四年了吧，当时咱们苦的时候他还没来，凭什么坐享其成，咱们加班到十二点，一个月不休息的时候他在哪，单位怎么能这样，真不想干了。""是啊，付出多的不提拔，咱们那么积极工作干吗啊！"听了张某对单位的抱怨，柳某想想自己的付出，也没心思全力投入工作了，接下来的一个月，柳某绩效考核成绩急速下滑，被经理点名批评。

张某努力奋斗五年没被提拔，才来了仅仅两年的研究生小李反而被提拔，于是觉得委屈，抱怨单位不公平，而柳某在听到张某的抱怨时没能及时找出原因、给予纠正，反而因为别人对单位的抱怨，也开始抱怨公司，最终让自己的工作积极性被影响，导致绩效考核成绩下滑，自己也被严肃批评。身在职场，总会有人抱怨自己的单位，而我们面对这些时，要婉言劝导，决不能是非不分，自己也加以抱怨。跟着别人犯错误，是最大的错误。

阿莲和陈某是某大型超市的巧克力推销员。情人节那天，他们在卖场里摆出了一个大型的巧克力展台进行促销。这时，一位顾客走到展台附近想买巧克力，阿莲见状忙上前向对方介绍产品，而对方却说："你们这就只有这些品牌吗？它们一点名气都没有，我想要的是某品牌巧克力。"阿莲一听，不高兴地说："笑话，我们这种巧克力可是卖得很好的一种巧克力，怎么说没名气？某品牌巧克力我也吃过，我感觉也就那样。"顾客见阿莲这样奚落自己，便不满地说："可我就觉得你们这种没有某品牌好吃。"这时，一直在一边的陈某为了给同事出头，也走过来指责客户说："老兄，你到底识货不识货呀？我们都吃过某品牌巧克力，根本没有什么好吃的。"顾客听后非常生气，不但没有再买巧克力，还向经理投诉说商场的服务态度太差。

　　阿莲不应该在销售中与顾客产生争执，即使顾客是错的也应该给他面子，因为没有人喜欢被人否定，作为顾客就更是如此了。所以说，阿莲犯了不该犯的错误。更糟的是，同样作为销售人员的陈某，不仅没有意识到这种错误，反而还跟着阿莲一起拼命去证明顾客嘴中所说的商品不好，试图通过争论来让顾客买下商品，结果却只能适得其反，更加激化顾客的情绪。最后，招致顾客对你的厌恶，生意自然也无法做成。

　　人在职场，要清楚自己的职责所在，同时更要有自己的立场，不能因他人占了便宜自己也跟着钻空子，也不能因为其他人的情绪而影响到自己的工作积极性，更不能为了逞一时之气而影响了工作。否则，只能是栽倒在别人的错误上，"跟着别人犯错"。

游走职场，千万别做这四种"植物人"

在企业中，一定会有很多普通员工被称为"植物人"！他们有生命但没有意识，只是在那里被动地工作。要想走向优秀，最终走向职业化，我们就坚决不能让自己成为"植物人"。

一、"顶心杉"

薛某是一家鞋厂的车间主任。有一天，因产品上的一个部件没有到位，导致生产流水线停工。薛某在询问物料部门后，得知物料最快也要到晚上六点才到，就安排每个班组留下三人清理、整理整个班组场地，其余的员工全部下班。这时部门主管来了，听闻薛某要把员工放走，断然说道："不行，其他员工不能下班，没事情做，在车间玩也可以。"薛某则说："近来员工都挺辛苦的，天天加班。现在物料没有到位，让他们休息一下不是更好吗？"主管立即严肃起来，以一种不容商议的口气命令道："你必须按我说的要求去做。"薛某很气愤，当即顶撞道："我们最近都快累死了，你要等干吗不自己去等？"主管听后，异常愤怒。

像薛某这种"顶心杉"式的员工，没有把工作原则与处世原则有机地结合起来，前途堪忧。因为下班问题，他在不恰当的场合贸然地对抗上司，这种做法吃亏的只能是自己。上司既是你工作的直接安排者，也是你工作成绩的直接考评者，你即使做好了自己的工作，也不要得罪上司。当然，搞好与上司的关系不是让你去阿谀奉承，而是要注意经常与上级沟通，了解上级安排工作的意图，一起讨论一些问题的解决方案，让上司喜欢你而非厌恶你。

二、"向日葵"

陈某是一家上市公司后勤部的采购员。一次中秋节，经理将给员工采购福利物品的任务安排给了后勤部。在召开部门会议时，主任为了私利，提出去他朋友那里采购一批洋酒。然而，公司很多人都不喝洋酒，再加上洋酒价格不菲，当即有员工提出异议："主任，您觉不觉得洋酒对基层的员工来说太奢侈了点，我们要不要考虑采购些实在点的物品给他们？"主任见有人反对，一脸不悦。陈某见状，立即说道："你们都太不懂主任的心了。现在都什么年代了，咱们公司的员工哪个还缺衣服穿、没饭吃？虽说大家都过上小康生活了，但平时也是舍不得喝洋酒的。主任提议买洋酒，不正是帮助更多员工圆梦吗？咱们应该支持呀！"陈某的话明显是拍主任马屁，众人从此都对他敬而远之。

一味取悦上司，随着上司转，不顾别人的感受，这是"向日葵"式员工的表现。然而，一个真正称职的员工应该就本职工作中存在的问题向上级提出建议，而不应该只是附和上司的决定。特别是当上司的决定有违公司和大多数员工利益时，陈某即使不表示反对，也不应该明言支持、附和上司，虽然他暂时取悦了少数人，却失去大多数人的支持，被经理知道后，最终其实也难以立足。

三、"含羞草"

刘某是一家酒店人力资源部的员工。上个月，经理带来一个新人小李给刘某打下手，让她一边熟悉工作流程，一边辅助刘某做好公司新的绩效考核制度。小李很勤奋，经常主动和刘某探讨考核制度的细节。半个月后，两人合力圆满完成任务。刘某便让小李将方案送交给经理。谁知，小李刚从经理办公室出来，就接到了刘某的电话："我们之前做的那个绩效考核制度还是拿回来重新做吧，这一套不好。""可是……刘哥，我已经送交给经理了。""你把那个方案去追回来。因为，我之后细想了一下，那些惩罚措施有点严苛了，肯定会有异议的。"无奈，小李只能厚着脸皮去经理那将方案拿了回来。也因此，经理对刘某和小李的能力开始质疑起来。

"含羞草"式的员工，经常在工作时，本已确定下来的事情一遇阻滞便轻易变更，让协助你的同事无所适从。刘某做事细心并没有错，小心谨慎是应该的，但业绩考核制度是为了更好地提高公司工作效率，所以，刘某行事不能瞻前顾后、朝令夕改，在面对压力时，需要临危不惧，坚定立场。如果遇事就扭扭捏捏、反复无常，不仅会让制度失去意义，这样的人，公司也不敢委以重任。

四、"箩底橙"

何某是一家报社的记者。一次，报社接到任务，为新一届市委换届选举写一个专题报道。为此，主编让何某去采访这次活动的组织者陈副市长。然而，当何某赶到市政府时，却发现陈副市长下基层办公去了。何某想，既然今天陈副市长没空，那我就明天再来吧。于是，何某就收拾好装备回到了报社。傍晚，主编向何某要采访初稿，当得知何某今天采访落空后，竟然没有向自己反馈信息时，主编勃然大怒："即便陈副市长外出给你的采访带来了困难，但是你至少不应该将工作搁置吧，最起码要向我汇报一下这个突发状况。那样，我也好想出解决对策呀。要知道，原本你撰写的新闻明天是要见报的，现在倒好，因为你，要拖累整个团队的工作进度了。你这做事也太不积极了吧！"

"箩底橙"式的员工经常拖团队后腿，让人"怒其不争"。面对采访的意外，何某既不想办法自己解决，也不向上级汇报，仅是慢悠悠地不当一回事，实在是犯了职场大忌。其实很多工作都是多名员工相互协作开展的，因为你一人的迟缓而影响了整体工作的进度，会损害到大家的利益。有时某些工作确属客观原因无法完成，这时你应该立即通知你的上司，寻找问题的解决方案。无论如何，都不应该将工作搁置，去等待上级的询问，否则，你肯定不招上司待见。

在职场行走，无论你付出多少努力，都不能没有意识地去工作。要知道，如果化身上述四种"植物人"，你的职场生涯肯定毫无前途。

因为不可替代，所以不被淘汰

谷某牵头开发的一项新产品把整个企业都带火了。年终，荣厂长给他发了两万元奖金。对此，员工冉某感到愤愤不平，她找荣厂长说："谷某搞研发，我们也没闲着，怎么只奖励他一个人啊？这太不公平了。"荣厂长却耐心地说："同一个单位，有的人拿奖金，有的人不拿，是因为岗位不同。这就涉及经济学的替代理论。生活中的替代效应比比皆是，比如萝卜贵了吃白菜，大米贵了吃白面，穿不起名牌穿高仿。就说你们研发部吧，你的工作随便找一个人就能替代，但谷某行吗？找一个能够替代谷某的人，简直太难了，所以我们才奖励他。对谷某的奖金感到心理不平衡是没有道理的，想获得和谷某一样的待遇，首先，你就要在工作上像谷某那样具有不可替代性。"至此，冉某彻底服了。

俗话说，"市场是无情的"，企业不行，市场上就会有别的企业来替代。同样，员工不行，老板就会派新员工替代。这就是优胜劣汰。你想保住职位，得到升迁，就必须不断地提高自己，努力做一个无可替代的人。有了这个信念，你才会把自己的工作做得更好。绝对不可替代的人是没有的，地球离了谁都不会停下来。只有努力把自己打造得胜人一筹，你才有可能成为最不可替代的王者。

威廉在接受某大学机械管理学院院长一职时，有一位校董事对他讲述了一番语重心长的话："这个学院很需要你，你既然来了，就要马上动手解决问题。就算是一个陌生人，也能发现问题。全力以赴地去解决问题吧。你应随时回顾一下你后面。如果大家不跟着你走，你就谈不上领导他们。你应该记住：你并不是一个不可取代的人。在你忘乎所以之前，你应该坐在树底下好好想一想，你的幸运是由天时、地利、人和等因素促成的。如果这还不能使你保持谦虚的话，那么，你应该知道，有十二个人可以胜任你的工作，其中有一两个可能比你做得更好。"威廉牢记此话，并身体力行，最终成为该校校长。

在职场中，你会面临许多压力和挑战。如果要保住你的位置，甚至想取得进一步发展，你就必须清楚周围的形势和自己的实力。你要清楚地知道，身边还有许多可以随时替代你的人，而你必须做得比他们更优秀，这样才能显示出你的优势，使你成为公司不可或缺的员工。或许有人会问：公司中显要的职位就这么几个，大部分处在普通岗位的员工又如何让自己不可或缺呢？的确，当前工作分工越来越细，大部分工作都是一些低端的、没有什么技术含量的工作，但这些工作同样可以让你显得不可替代，秘诀就一个：让自己做得比别人更好。

　　在一家电子公司里，由于公司越来越不景气，裁员在所难免。在本科、硕士成堆的技术部里，大家都知道，专科毕业的高某无疑是首当其冲。不过裁员名单要两周后才能下来。此后的日子里，高某依然认真地工作，像往常一样，有条不紊地忙碌着，打印资料、翻译文件、收发传真、转接电话……慢慢地，同事们似乎忘记了高某的困境，又开始一如既往地找高某，有的说："快帮我查份资料。"有的说："我出去一下，请帮我招呼一下。"有的说："帮我发份传真。"高某连声答应，并把事情一一办好。转眼两周过去了，裁员名单也在一片焦急等待中下来了，让大家感到奇怪的是，上面并没有高某的名字。就在当天，高某收到了一封信，里面总经理写了一句话：像你这样的员工，我们公司永不嫌多。

在职场中，不管你处在什么职位上，只要你努力地把这份工作做得比别人好，就算别人学历比你高、资历比你老、条件比你优越，但胜利的肯定是你。最忌讳的是不甘处在当前的岗位上而自暴自弃，那样不但升职、加薪无望，你还可能随时被别人取代。一旦你的工作难以替代，就是你身上的一道护身符，另外它还有一个作用，就是你升职、加薪的重要砝码。

尼古拉是林肯的私人秘书。尽管薪水微薄，但尼古拉从不计较，总是尽心竭力地工作，在大小事务上都给了林肯极大的帮助。在白宫，尼古拉的办公室与林肯的办公室相邻，林肯还特意在桌上装了一个拉铃，以便随时传唤尼古拉。但经常出现的一幕不是尼古拉到林肯的办公室汇报工作，而是林肯敲响尼古拉办公室的门，请求得到他的帮助。由此可见林肯有多依赖尼古拉。林肯经常会收到大量的信件，而其中只有小部分能被他看到，很多回信都是尼古拉写的，只有个别重要的信，是他在和林肯协商后回复的。总统秘书这种越俎代庖的做法，曾引起一些人的反感，有人甚至写信给林肯，痛斥尼古拉，但林肯却笑了笑说，没有尼古拉也就没有林肯了。时间证明了一切，后来尼古拉被美国民众誉为"林肯的影子"。

无论对林肯还是对白宫来说，尼古拉都是个不可或缺的人物。就以他代林肯总统处理信件为例，这就大大分担了林肯的压力，让林肯有更多时间和精力处理国家大事。而尼古拉的天才之处在于，他很清楚哪些信件必须让总统过目，而哪些信根本就无须对总统提起。总统与他的私人秘书之间，达成了一种在他人看来很难理解的默契。作为一名员工，如果你也能像尼古拉那样为你的上司鞍前马后地效劳，成为他最离不开的人，这同样会让你变得不可替代。

当今职场的竞争非常残酷，你如果不想出局，不想被淘汰，那你就要设法让你的工作变得不可替代，因为一旦你的工作随时可以被别人取代，那就显得你没有一点核心竞争力，自然也没有半点优势，又如何去与别人竞争呢？牢记一句话：你身边能胜任你工作的不乏其人。

第六章

别扯了，这世上根本就

没什么怀才不遇

当你被领导刁难时，你在想什么

工作中，难免有被领导刁难的时候。其实，如果你感到领导在刁难你，那不一定是坏事。因为领导的"刁难"有各种各样的理由，或许出于责任，或许因为器重，或许出于帮助。所以，对于领导的"刁难"，不要产生对抗、反感的情绪，积极按照领导的要求做好该做的事，成功也许很快就会垂青于你。

某知名学府新闻专业毕业的小顾考进某事业单位做宣传工作。本以为找到了"铁饭碗"，可以高枕无忧了，没想却碰到一个难缠的老主任。小顾提交给他的宣传稿，他不是说措辞不够严谨，就是说流于俗套，让自我感觉良好的小顾深受打击。

一次，小顾随某电视台去乡下采风。回来后，她把拍得比较好的照片传给主任，备日后工作用。对自己的摄影技术颇有自信的她，满以为会得到一番夸奖，不料主任看后却说："只拍了照片啊，新闻稿、调查报告呢？"小顾一听，心里直嘀咕："只是去采风……这不是故意找碴儿吗？"主任见她一副不服气的样子，又递给她一摞照片，说："是不是觉得你的照片拍得不错？看看这些……"小顾只好拿了照片悻悻地退出来。之后的事更让她不能接受，因为主任把文秘工作也加派给她了：起草公文、发通告、活动安排，甚至连给上级单位送文件之类的跑腿儿的活也让她干。小顾虽不胜其烦，但对于主任安排的工作，她还是很努力地完成。半年下来，她发现自己各方面的能力确实提高了很多。年底评选优秀员工，她是唯一被评上的新人。

有的领导就是喜欢挑刺儿，你做得再好，他也能找出毛病来，甚至还有意让你去做一些本职工作之外的事。这个时候，千万不要耍性子，跟领导对着干，而是要按领导的要求努力去做。最后你会发现，你的进步恰恰是因为有这么个苛刻、刁难的领导。尤其是刚毕业的大学生，大都傲气十足，自以为了不起，其实还有许多东西需要学习。老主任对小顾百般挑剔，甚至布置一些额外的工作要她完成，看似刁难她，其实是在培养她，锻炼她各方面的能力，这完全出于一个长辈对晚辈的关爱和器重。谁愿意没事儿费尽心思去做出力不讨好的事呢？

　　小赵和小李在同一个部门工作。不过，最近小赵的心情有些低落。因为领导交代的工作，自己都很认真地完成，而且自以为会超出领导的预期，可领导非但不表扬她，反而总是不够满意，还会找出一些问题来。而小李却每次都能顺利过关。因此，小赵心里有些不服气。不过，她并没有表现出不满，而是更加努力地工作，希望能够得到领导的肯定。几个月后，公司开始传小赵和小李的领导要调往总部工作的消息，由谁来接替他成为悬念。一天，领导突然把小赵叫到办公室，问她最近的工作怎么样。小赵心里很是忐忑，是不是自己工作做得不好……但她觉得自己确实尽了最大的努力去做工作了，于是说道："我最近的工作虽然可能与您的要求有很大差距，但我确实尽力在做每一件事。"听到这里，领导的脸上露出了笑容："最近一段时间辛苦你了。我去总部工作的事你听说了吧？总部很早就通知我了，但我必须尽快找到能接替我的人。我仔细考虑了，觉得你是最佳人选，可你毕竟年轻，处事经验不足，我要在短时间内帮你提高，就要经常找你的麻烦……"小赵没有想到，领导原来这般用心良苦。

　　谁都想自己的工作能力能得到领导的认可，然而，不排除有的领导可能会用一些"刁难"来考验你的心智是否成熟，是否够格成为提拔的对象。这个时候，你就需要体会领导的意图，否则就失去了非常宝贵的机会。如果发现领导表面上在刁难你，但并不是针对你个人的批评，目的都是为了提高你的能力和水平，这很可能是你获得提拔的前兆。请记住，领导真正欣赏的就是那些面对刁难不卑不亢也不抱怨，仍然勤勤恳恳工作的人。小赵就做得很好，虽然她也感觉领导在为难她，但是她却用更加努力的工作替代不满情绪，最终获得了晋升机会。

　　小王本来是公司公关部的员工，但他头脑灵活又善于察言观色，老板有意将其调到销售部。刚到销售部，小王并未被安排具体工作，只是跟着别人跑跑腿，工作内容相对简单，他有些无所事事。看到小王没事做，老总就说他偷懒、不干活。小王给出一些建议和提议，老板既不拒绝，也不采纳，还挑了一堆毛病，很好的销售计划也被说得毫无价值。但每当他想放弃的时候，老板又会给他分配一些工作。

　　一股无形的压力包围着小王。他有种被骗的感觉，自己被调了部门之后，不仅不被重视，反而有劲没处使。但慢慢地，小王开始观察周围做销售的同事，学习他们的优点，分析他们成功的原因。几个月后的员工大会上，老板点名让小王负责一单大客户的销售业务，这让他喜出望外。忽然接手大客户，虽然有些不适应，但凭着前段时间的积累，小王做起来并不吃力。积蓄了很久的工作动力，一下子爆发出来了。年底，小王不但销售业绩保持在前三名，而且他的工作态度和处事风格得到了客户的好评和老板的赞赏。

老板对小王的"刁难"不是表现在对他的工作挑刺儿上，而是故意冷落他、考验他。像小王自己所说的那样，"那段压抑的时光，是老总想磨磨我的性子，让我好好学习别人的经验和教训。他怕我只有爆发力，没有恒心"。小王是聪明的，在碰到刁难的时候，他坚持学习，积累经验，为自己之后的工作奠定基础。厚积薄发的力量是巨大的，在老板的"刁难"下他获得了成功。所以，眼光要放远一些，老板不会无缘无故为难你，他们只是希望你能做得更好。

有人说："有的老板会高瞻远瞩，不会教你如何去做，他们更喜欢员工自己'悟出'其中的玄机。"领导刁难你时，很可能是在为你创造机会，但他们不会告诉你"这就是机会"，而是要在你今后的发展和感悟中更全面地要求你、塑造你。所以，当领导为难你的时候，看看自己的工作是否真的有问题，有就要努力改正、解决，没有，那很可能是你提升的机会，要好好把握。

领导不会骗你

一家文学杂志社想要推出网络版。主编把这个计划跟几位老编辑讲过之后，老编辑们却都推托自己做不来。其实原因是他们都想稳稳当当地编稿，不想冒风险：文学杂志本身就发行量不大，文学杂志做网站成功的也不多，等等。领导后来找到新编辑小周，说："虽然大家都不愿意去做网站，但目前纸质媒体都在下滑，网络才有未来，只有去做网络，以后才会更有前途。"小周跟那些老编辑不一样，他听从了主编的话。随后，他把主要精力用在了网络建设上。虽然刚开始的时候，他好像没有了稳定的工作，但不到两年时间，他就把网站做得风生水起。主编论功行赏，他不但得到升职，年薪也极速增长。

当领导交代那些看似没有好处的工作给你的时候，很多人觉得领导是在忽悠自己，所以总是推三阻四，避之唯恐不及。其实，领导的眼光和决策往往是高于普通员工的，领导认为有前途的事往往是对的，而选择让你做，往往是看得起你，因此，你还能以别人都不愿做为由而不去做吗？今天做别人不愿做的事，明天就能做别人做不到的事。

> 有一次，某公司需要一个关于投资收益回报的财务分析模型，俞总找了一个部门去做，结果半年没有做出来。俞总急了，把这项工作交给了财务部。财务部领导安排赵某去做，并规定说一周时间内完成。当时，赵某心里很郁闷，觉得难度太大了。但财务部领导说："正因为别人都做不好，如果你做出来了，就证明了你的能力，而且，这期间你的能力肯定也提高了，不是吗？"赵某觉得领导说得有理，就开工了。在没有任何思路、任何数据资料的条件下，他潜心做事，并最终顺利做了出来，不但得到了俞总的赞赏，更重要的是他发现了很多问题，学到了很多经验。没过久，他就提拔为该集团副总裁助理。

职场上，领导让你做别人做不到的事，说可以让你的能力得到提高，千万别以为领导是在骗你干困难的事，以为领导是在欺负你。比如赵某后来就表示很感谢财务部领导对自己的开导，也感谢自己选择了没有任何借口地接受。尽管那段时间他几乎每天都是零点以后睡觉，但看了很多参考书，学到了很多知识，这对他以后的职场发展起到了不可估量的帮助。

李卫是雍正最为信任的下属之一。为什么认识不了几个字的李卫深得雍正信任呢？就是因为李卫听话，什么事情都是"按四爷说的办"。有一次，还没有当皇帝的雍正安排一位部属去浙江查案，并一一作了交代。这位部属说："这能行吗？关系重大，八爷在那边的势力强大，弄不好是要掉脑袋的。四爷您真的决定要这么做吗？卑职觉得不妥啊，请您再作考虑。我也没有应对过这样的局面，担心做不好，辜负四爷您的信任。"雍正一听，顿时改变了主意："不用你去了，让李卫去。"李卫接到任务，多余的话没有，只有一句"谨遵四爷的教诲"。尽管很多人觉得这个事情雍正是在利用李卫听话，但李卫却觉得雍正的安排必须听从，因为雍正没有必要拿自己当实验品。后来，李卫到了浙江，按照雍正的指示，完成了任务，立下大功。从此更得雍正的信任和重用，平步青云。而那位推辞的部属在雍正登基后，仅仅做了一个六品官员。

领导安排任务其实是在分发机会。李卫抓住了机会，成就了自己。他之所以抓住了这个机会，就在于他认为领导给的任务，就应该毫不犹豫地去做。如果自己没能力、没经验，领导安排怎么做却瞻前顾后、不听安排，迟早领导会不再用你。能力不足、经验缺乏不可怕，可怕的是不听话，领导安排你怎样做你不听、不去执行，那你永远难以提高，也难以成事。每一项任务都是你增长自己阅历和才干的机会。领导毕竟是领导，有着员工所没有的阅历和经验，在能力和水平上通常也不是一般员工可比。拿出一项决议、提出一个方法，都是经过深思熟虑的，也是经验和水平的体现。如果你没有更好的办法、更高的决策，那就不要质疑领导，老老实实地按领导说的办。要知道，领导没有骗你的必要，他的目的也无非是让事业做得更好而已。

领导不会骗你，因为没有这个必要。领导交代给你一些不容易做的工作，无非就是想要培养你、锻炼你，让你的能力和水平得到提高，因为只有当你变得更优秀，公司才会更受益。

如何向领导提建议

职场中，有许多领导心理比较敏感，比较挑剔建言者的态度，提建议的方式、背景和时机。如果这些因素把握不好，领导很可能会非理性地否定一些很有价值的建言。因此，向这些领导建言，就要善于下"软功夫"。

扮演"自己人"

老板冯某对即将到来的"双十一"进行促销布局，提出要和同行打价格战。李某虽不认同这种策略，但是在大会上并没有竭力反对冯某的提议，并且事后还对供货渠道、货物储备等进行了检查，确保各个环节不出纰漏。在此基础上，李某私下找到老板冯某说："冯董，我们已经按照你的部署，在货物上做好了充足的准备，只等挂牌减价冲量了。不过，我有点个人的意见还是想向您提一下。"冯某说:"请讲。""我个人觉得完全依赖打价格战来促销并不可取,一来我们公司有可能会受到其他同行的联合挤压,日后的生存空间必定变得狭小,同时,大幅度降价也会给公司带来利润压力,甚至出现亏损,消费者也会对我们的产品出现疑惑。如此,赢得的一切都是空的啊。"冯某最终采纳了李某的建议。

下属所提建言如果与领导的意见不同,容易刺激领导潜意识的排斥心理。所以,李某没有在公开场合轻率地表达与领导思路不一致的意见,也没有私下议论领导决策的不足,反而在实际工作上积极应对,真诚地支持领导,待机会成熟,让领导切身地感受到你是团队中人,不仅本职工作努力、尽责、可靠,而且善于思考问题,有想法、值得重视。有了这种较为亲密的感情基础,领导就不容易把你"看外",即使之后你的建言与领导思路有较大分歧,因为是"自己人"提出的,领导一般不会认为你是存心反对,反而会认为你诚心可嘉,并认真加以考虑。

放弃"知识产权"

一次开会,超市店长提出要加大投入,加强与当地蔬菜市场的联系,打造快速生鲜供应链。对此,生鲜科的邝某却觉得可以在城郊建立蔬菜基地,走绿色生态之路。邝某将自己的想法写成了计划书，并递交给了店长。店长看完后，一时没有说话，见此，邝某说道："这个想法，并不是我个人的，而完全是打造快速生鲜供应链的一个子计划。""怎么说？"店长问。"如果在我们的城郊建立基地，供货速度快速不用说，而且'绿色生态'也是您一直以来希望我们生鲜科能够打造出来的声誉。经过这几年您的部署和推动，我们现在终于有条件可以真正建立一个后备基地，如果能够如愿，这真的是您当初制订的计划的实现啊。"店长听完后，觉得颇有道理，遂采纳了邝某的意见。

应该说，多数领导都具有集思广益、博采众长的主观愿望。但是从人之常情的角度看，如果领导形成的工作思路和方案中的闪光点都被人清晰地知道是由某下属提出的，那么领导的自尊心肯定会受到某种程度的挫伤。店长在看到邝某的计划后一时失语就有这种疑虑。但是邝某在建言时，主动淡化自身，只注意突出建议的可行性、有效性，而没有刻意强调自己的专属性，就是特别注意把握微妙心理的体现，相反她还道出这个锦囊妙计是领导的"职务作品"后期体现。这样的下属建言，领导自然很难否定了。

建言应当"曲径通幽"

　　徐某是某大型房地产公司的业务顾问，他力荐公司竞拍河西一块地盖大型商场，但是得知董事长方某对此有些迟疑，因为在拆迁费用和用地规划方面公司都暂时没有将该计划纳入规划中。碍于级别差距，徐某决定调整策略：一方面，他将自己的想法写成了可行性分析报告递给自己的上司，希望通过层层递进转达到方某的手里；另一方面，他又主动和方某的秘书小崔拉近距离，在其耳旁"吹风"。最终在两方面的"鼓动"下，方某获知了徐某的想法，并且认真地分析了他撰写的可行性分析报告。在公司的股东决策大会上，股东们一致决定，公司当下的工作重心就是全力拿下河西的那块发展之地。对此，方某还褒奖了徐某的睿智，并且承诺将重用他。

　　职场中，由于领导体系的层级和职能不同，客观上有些人与领导靠得近一些，工作关系紧密一些，也就是"够得上""能说上话"；而另一些人则很难与领导直接接触，沟通交流的机会很少。因此，如果建言者与领导既缺少亲近的感情关系，又缺少紧密的工作接触机会，那么要建言就要另辟蹊径。徐某在表达自己的建议时，就是明白自己不容易与领导建立良好关系的这个前提，所以他转向与领导较为亲近、信赖的人建立良好关系，这样层层递进，直至传达到自己所期望建言的领导那里，也不失为睿智之举。

变"客场"为"主场"

某村一位姓张的村主任想向镇长提议修缮村里的某条公路，但是碍于之前镇上已经投入了大量资金建设学校，所以不好意思开口。一次，村主任陪同镇里主要领导和几十名乡科级干部去邻镇考察。他发现随着离工作地越来越远，领导也变得越来越随和、亲切乃至活泼、幽默，所以村主任向镇长说道："我们村也有这么一条公路需要修缮，但是知道镇里也不容易，刚刚支援了我们学校建设，实在不好再伸手向镇里要钱，但是路不好，村民过日子实在不便，下个雨，村里就不知要摔多少人。"镇长得知了该村的情况后，当即拍板，如果情况属实，镇里将克服困难，援助该村公路建设。

建言的内容是工作，按理说应该在工作的时间、工作的场合以公开、规范的工作方式进行。但由于下属与领导在工作身份和心理上的较大差异，以公对公的方式建言容易产生一种不利于平等、平和交流的建言气氛，听建言可能会成为一种例行公事的行为。反之，假若建言者有能力或机会将建言的"客场"换成"主场"，即脱离工作的场合和氛围向领导建言，下属就容易减少一些担心，领导也会淡化一些官心，言者会很顺畅，听者也会更尽心，不失为一个可以考虑的选择。

向领导建言的"软功夫"有许多种。总而言之，要注意符合建言的气氛，忌态度激烈、观点偏激，宜多陈述事实和客观情况，以及个人"不成熟"的想法，要力求做到自然、随意，否则容易显得别有用心，激起领导的戒心和反感，事与愿违。

领导作出错误决定时，你怎么说服

　　一次，李存勖所率领的晋军与梁军在黄河两岸对峙。晋军久攻不下，粮食消耗很快。大将郭崇韬说："咱们将校太多，很多是在吃闲饭，起不了多少作用，要罢免一些。"李存勖却不赞成，与之争执起来，最后竟赌气说不再任这支联军的统帅了，叫时任掌书记的冯道立即起草辞呈。一时间，气氛搞得十分紧张。然而，冯道久久没有动笔，李存勖连催几遍，冯道才徐徐说道："您的命令我哪敢不从？但是，现在军中岂能缺得了您？其实，郭将军说的也有道理，您不同意拒绝就行了，何必大动肝火还要辞职呢？传出去，岂不搞得人心惶惶，要是敌人知道了，更会造谣生事的。"一席话说得有理有据、情真意切，李存勖最后收回成命。

李存勖因为与大将郭崇韬意见不合，心生不快，还想一走了之，这种事如果发生，定然不利于上下级的团结，还会让军队陷入被动局面。好在冯道巧言妙语，让李存勖收回了错误决定。

"人非圣贤，孰能无过？"领导也会因种种原因而作出错误决定。当领导出现错误时，作为下属，既不能袖手旁观，等着看笑话，也不宜直言批驳，让领导下不了台，更不可曲意逢迎，文过饰非。正确的做法是寻求良策，既保全领导个人的面子，又能让领导接受合理建议，不至于危害整体和长远利益。

让事实说话

　　一年隆冬，沙俄的军队换装，发棉大衣时发现，棉大衣上的扣子都不见了。再一细查，所有备换的军服都没有了扣子。沙皇知道了这件事，大发雷霆，传令把负责监制军服的官员克斯别伊抓起来枪毙。这时候，科学家瓦戈里对沙皇说："陛下，克斯别伊虽然有责任，但却不该同罪。扣子是用锡做的，这种金属遇到极度寒冷就会变成粉末，别说克斯别伊，就是我，也是刚刚才知道的。不信，我可以实验给您看，眼见为实。"瓦戈里随手从衣兜里掏出一枚漂亮的锡制军用纽扣，放到冬宫外的露天处，只半天时间，纽扣就变成粉末了。沙皇大开眼界，知道事情与克斯别伊无关，便不追究他的刑责了。

沙皇误以为克斯别伊工作失误，便决定杀掉他。关键时刻，瓦戈里以实验的方法，让沙皇看到事情的真正原因，最终改变了决定。现代职场变化多端，领导常常会因为不了解情况而作出错误决定。你在第一时间把事实摆出来，让领导充分感受，领导在事实面前豁然开朗，认识到错误所在，就不会坚持自己的决定了。

以数据说服

海外一家大型商超公司的董事长，在转了公司的几个配送中心之后，发现总有一些配货的车辆闲着，便打算砍掉60辆小卡车，以降低成本。总经理却觉得董事长的意见不合适，便对他说："我们是跟大公司虎口夺食，必须有充裕的配送能力。有的大公司有1吨配货小卡车600多辆，我们才180辆。您一下裁掉三分之一，我们公司不是瘸腿了吗？比如，有的小轿车额定功率是100马力，能用到30马力就不错了。再比如，我们出差总要带两个充电宝，就怕没有富余误事。汽车的功率要充裕，充电宝要充裕，我们的配货小卡车也该是充裕的。这样，应对工作任务才游刃有余。"董事长听了，便放弃了自己的意见。2008年，次贷危机引发经济危机，钱难挣，消费吃紧，人们纷纷涌进这家公司的商超购买便宜货，公司的配货小卡车日夜马不停蹄，运力增加了6倍。

总经理认为，董事长以削减小卡车来降低成本不可取，便以各种翔实的数据，说服董事长放弃了自己的错误决定。领导作出错误决定，往往是因为看问题不精准、不全面，此时我们可以摆出数据，说服领导对决定进行修改。只要你列举的数字是真实有效的，就会对领导形成极大的触动。领导不能质疑你的数据，就会接受你的观点。

辩证说理

韩琦任淄州通判不久，就听说有一个叫左旺的村霸横行乡里，形成黑恶势力。这天，有人举报左旺打架闹出了人命，韩琦便命人抓了左旺，投入死牢，准备问斩。下属张海龙私下对韩琦说："大人，本人位卑，无权过问讼事，但看我们相处的情分，有一句话不吐不快，不知道您会不会介意。"韩琦说："介意什么？有什么话但说无妨。"张海龙说："左旺犯罪，听说而已，您把他打入死牢，未免过于仓促，就是真的有罪，也难以服众，说不定还会给某些人留下把柄。若是冤枉了好人，手起刀落，您怎么让他活过来？依我之见，还是走一遍侦查审判的程序为好。案子在淄州站住脚，我们才能站稳脚。"韩琦觉得张海龙说得有道理，就公开审理了这个案子。

　　韩琦逮捕左旺后没经过审判直接打入死牢，下属张海龙看不过去，便告诉韩琦，就算左旺果真有罪，那也应该走法律程序才能服众，而如果左旺无罪，则更加难以挽回错误。如此辩证说理，最终让韩琦恍然大悟，接受了张海龙的意见。领导也是人，有时候难免也有脑子发热，作出错误决定的时候。作为员工，不妨把事情掰开来说，辩证地阐述利弊，这样领导就会看清事情的本质，最后作出正确的决定。

　　说服领导不是为了证明自己比领导更优秀、更高明，而是让领导放弃错误决定。运用以上方法，必须记住，你是在和领导说话。不拿领导的尊严当回事，让领导跟着你画的道道走，必然碰钉子。

做任何事，都别忘了要及时跟领导沟通

在实际工作中，有的工作需要一定的时间来保证。可能在一定时期内你的工作还没有让别人看到显著成绩，这时不要和你的上级距离太远，要创造条件去和他沟通，要让他知道你的进度和计划和要取得的成绩。你这样做了，上级不会责备你，他还会利用所掌握的资源给你帮助，让你提前取得业绩。

我有一个室友徐某，他在一家出版社当编辑。徐某刚进入出版社的时候，他的领导就让每个编辑去为一套书写一篇推介书评。这对于别的编辑可能算不上一件难事，不过对于徐某这位新人来说实在是一个重担。眼看领导规定的时间越来越近了，徐某还只是有个初步构思，徐某有些急了，他对我说："不行，我不能这样拖下去了，我必须向老板说明情况，请他指点指点我。"我不无惊讶地告诉他："你工作没有做好，还是不要去了吧。不然的话，领导会觉得你没有能力的。"可是徐某说："我目前确实能力不够，但我可以去找领导讨教啊！我认为能力不够，不是我的错，但如果我没有能力还不去找领导沟通，那就是我的错了。我想去找领导交流一下，请他给我一点意见。"后来，徐某真的去找领导沟通了。正如他所料，领导非但没有批评他，反而还表扬他这种不懂就问的工作态度。

有的职场新手甚至老手容易犯的错误是，越是没有成绩越是不愿去找上级沟通，认为自己没有面子，对上级采取敬而远之的态度。其实，这样的风险很大，因为你业绩低迷，上级本身就不会满意，会对你的工作能力产生怀疑；如果再不了解工作状况和进度，还会认为你没有努力工作。时间一长，你就可能进入被淘汰的黑名单了。一项调查发现，在所有公司的人员淘汰名单中，并不全是业绩最差的人，但不会主动找上级沟通的人却会占很大比例。

还有一次，徐某的领导要他去跟一位畅销书作家约一本小说书稿。徐某通过一个朋友，很快就联系上了这位作家。由于志趣相投，他很快就跟作家建立了友谊。并且，作家很乐意跟徐某合作，还说自己已经有一本写了三分之二的小说可以给他。徐某太幸运了！工作进展得可以说出乎意料地顺利。我当时对徐某说："这下你可以给你们领导一个惊喜了。"徐某却又告诉我说："我正要去向他汇报呢！"我有些不解地说："等工作全部完成了再告诉他，不是更好吗？"徐某却说："这次的工作我做得确实很顺利，但我应该跟领导及时汇报，看看他是不是还有什么交代，说不定他对这个事情有更好的建议呢？这样，我才可以把工作做得更好。"结果依然不出徐某所料，领导果然在欣喜之余又提出了一些更为重要的合作事项，而负责人就很自然地落到了徐某的头上。

上司交代你一件事情，需要好几天才能完成，可你几天不和上司联系。你的立场是，工作没有做完，就不必报告，等做完了再报告是一样的。其实，这种对待工作的方式并不正确，甚至是非常危险的。当领导交代给你工作任务时，即使你的工作状态达到了上级的要求，也要及时和上级沟通，只有你及时跟领导汇报了工作的进度，领导才能跟进你的工作，根据你的工作状态给你提出更好的建议。最终，让你的工作做到尽善尽美，同时，也让你成长得更快。

总而言之，在工作中，我们要主动寻找和上司沟通的机会。我们通过和上司的接触和沟通可以发现我们的不足，可以学习上司的长处，可以拉近和上司的距离。你若希望上司喜欢你，看得起你，欣赏你，发现你的能力，那么首先就要让上司看得见你。要让上司看见你，主动积极多汇报工作是最好的途径。

要善于给你的领导"补台"

在职场上，领导和你一道工作，无疑他是唱主角的，但你也不要看轻了自己的作用。主角在台上表演得再好，没有配角的配合，也别想好戏连台。如果领导的戏演得有点蹩脚，"补台"就显得更为重要了。"补台"的目的，是促进领导的能量尽数发挥，提高成效，弥补不足，使工作效益最大化。

填补领导缺位

美国人杰克在中国开了一家公司。有一次，他到南洋参加一个花生制品的行业会议。因为会议非常重要，杰克的身心几乎全扑在这上面了。会议的第五天，他才突然想起公司与加拿大某食品公司的供销合同昨天到期。每年续签合同都是由杰克牵头，可这次……他一看误事了，便给远在国内总部的王助理打电话，问他有什么办法。王助理说："老板，和加拿大公司续签合同的事，我正想向您汇报呢。三天前，我去他们的驻津办事处联系过了，今天晚些时候就能签字。可是我们要求每千克提价 15 美分，他们不干，加方最多同意涨 6 美分。我觉得 6 美分也可以了，签还是不签，请您作出决定。""签，这还有不签的？"杰克在电话那头差点乐掉了下巴，王助理不但想着这件事，而且还涨了价，多好的事啊！杰克接着说："6 美分很不错了，你这次立了大功啊！"杰克对王助理的工作非常满意，以后也就更信任他。

杰克忙于开会，把续签合同的事给忘到脑后了。如果让他人趁机钻了空子，或是加方另寻供货商，他们的损失就惨了。王助理却很好地为领导补了台，他把续签合同的事担了起来，不仅没使公司受损失，还给产品提了价，难怪会受杰克赏识。社会生活纷繁复杂，有时候领导处理事情，或者顾此失彼，或者进退两难，很难说不使工作受到损失。这时候你来"补台"，用实际行动填充领导的缺位，完善领导工作，维护领导的利益，你自然会被领导赏识。

矫正领导过失

　　苏轼到任杭州知州之后，便着手搞了一项重大的水利工程——苏堤。当时，苏轼对水利外行，就把当地一个懂河工的团练使郑某请出来，协助他工作。准备工作正在紧锣密鼓地进行，郑某的父亲却病倒了，他不得不请假在家数日。苏轼为了不耽误工期，仍然马不停蹄，召集富户乡绅贤达人等招投标，答应对承揽工程者预付银两。郑某回来听说这件事，便说苏轼太犯傻，到会的"乡绅贤达"以无赖居多，拿了钱不干事，会让你"赔了夫人又折兵"。苏轼一听事情严重了，他已经开出了数千两银子的票据，只是钱还没有到位，便问郑某怎么办。郑某说，只能趁还没有正式兑现，由他出面将银票追回了。于是他便顶着压力游说乡里，作废了已发票据，彻底堵住了国有资产流失的漏洞。工程开工后，郑某又辅以义工形式运作，发动周边受益群众投工，节省了好多工程费。郑某纠正了苏轼的失误，也替他背了"黑锅"，常受到乡绅的攻击和排斥。苏轼对郑某则信任有加，他说要不是郑某出手，他早就陷进去了。

苏轼在杭州兴修水利，由于工作失误，为包工头开出大量银票，是他的助手郑团练使，为他"背黑锅"担责任，追回已发银票，避免了国有资产的流失。郑某在领导出现失误后，积极"补台"，挽回损失，有忠有义，因而颇受苏轼赏识。领导头脑发热发昏，说过头话，做过头事，进退不得，骑虎难下，作为下属，你必须站在利于领导工作的立场上，以对领导负责的态度和方式，乘势而动，积极"补台"，为领导成事，而绝不可以作壁上观，徒看领导败事。

帮助领导解围

马某第二次来造纸厂的时候，引起了厂里一些中层干部的议论。因为上一年涨工资，工人全涨了一级，中层干部却让马某给压下了，理由是他们的工资已经是普通职工的两倍多了，应该先等一等。因此有些人耿耿于怀，说马某要"杀富济贫"。会前两分钟，厂长刘某把大家介绍给马某，果然有人趁机说："马总，去年加薪，上下全没少涨，把我们在中间的给甩了，您什么意思，是不是觉得我们没用啊？"马某没有想到会有人提这样的问题，而且带有怨气，一时不知道怎么回答妥当。这时候，刘某接过话茬说："那次你们没加薪，和马总没关系，马总从没过问过我们加薪的事情。中层干部人均工资比全厂工人高一倍还多，我们厂的工资总量是限定的，把所有的加薪额都放在一线工人身上，他们的工资还是偏低。这些事都是经我手办的，也是我的主意。如果您以为这件事不公，我可以向您道歉。"对方说："对不起，随便说说而已，您别当真，没事，没事。"就这样，刘厂长几句话就给马总解了围，把矛盾引向自己，那个中层干部再没好说什么。

马某视察造纸厂，恰逢刘厂长召开中层干部会，会还没开始，就被一名中层干部质问，为什么涨工资把他们甩了，结果，场面非常尴尬。关键时刻，刘厂长当了"挡箭牌"，把没涨工资的责任全揽到自己头上，避免了马总的难堪。领导被误解，被挑剔，被无理取闹，有时会把人推向困境。作为下属，及时"补台"，为领导挡驾，替领导解围，甚至不惜为领导背黑锅，可以说是下属的潜责任。谁在这一点上做得好，谁的发展机会就比别人多。

为领导"补台"和"拍马屁"是截然不同的两码事，"拍马屁"是出于个人野心，阿谀奉承领导，"补台"则是出于公心，帮领导成事。工作中，要做一名好下属，必须学会"补台"，也就是以大局为重，让领导多出彩、少犯错。做到了这一点，你的职场生涯定会一帆风顺。

第七章

没有预见就没有领导力

想当领导，你学会带新员工了吗

一个公司想要更好发展，自然离不开新员工的加入。在融入公司的过程中，遇到一些困难，一些新员工容易产生沮丧的情绪。作为老员工，你对公司的业务和流程都比较熟悉，如何更巧妙地带新员工，既让他更快适应新的环境，又能赢得新员工的敬重呢？

2005 年，刘某到广州出差时来到广州研发部视察。当他走进研发部办公室，和员工短暂聊天后，才知道刚来工作不久的小张，连续奋战两个多月，仍没有找到改变某应用程序命运的方案，甚至产生了抑郁的倾向，他拒绝了员工打电话通知小张前来。他来到小张的办公室，望着墙壁上张贴的应用程序的各个界面及功能介绍，拿起笔来在每张图片上写了几句自己的看法。临走时，他留了一张纸条，说："小张，你曾经做出的某程序，在国内无人能及。在专业上我比不过你，所以我给你充分的决定权。"后来有人问："为什么你不当面告诉这些意见呢？"刘某说："虽然我是他的上司，但他更专业，我只能提自己的建议，我见了他只会给他压力。"小张十分感动，经过两年时间，让该应用程序起死回生。

要想赢得他人的尊重，你要先给予他人尊重。小张初入公司，对工作和同事都不熟悉，面对工作无法打开局面的困难，他陷入了进退两难的困境。刘某没有拿老员工的身份强行把命令和意见强加于人，他选择的是在图片上备注自己的意见，并留下鼓励的字条。这种体贴新员工的言行，自然让小张受到极大的尊重及鼓励。小张后来死心塌地留在公司，还成功研发出一款非常强大的应用程序来，可以说是刘某这种独特的带人理念深深吸引了他。

　　最初拍摄电影的时候，每当自己的戏拍完，某老演员总会十分留意剧组的一些新演员。有一次，有一位新演员演了好多条，还是没有得到导演的认可，心情十分沮丧。该演员很想上前把自己对剧本的理解告诉对方，但是觉得又不大合适。后来，当拍摄到自己的关键戏份时，该演员总是先让助手叫来这位新演员，让她在一旁看。等拍摄完毕后，她就找到新演员，详细地把自己对剧本的理解告诉她。新演员说："我知道你是在给我讲戏，但我不明白，当我演不好的时候，为什么不当面给我讲呢？"该演员笑着说："如果我当面说，你会觉得我是在批评你。但是现在我是给你讲解我的戏份，你就不会有被批评的感受了。"一席话感动了新演员，后来她拍戏更加用心了。

作为当红女演员和主演，即使当面指出新演员的不足，也能得到新演员的积极回应甚至感动。但是她却选择在自己表演时，让新演员在一旁学习，然后讲解对剧本的理解，从而帮助对方更好地把握角色。她认为即使是帮助，也不能让人有受到批评的感觉，所以选择了在不批评新演员的前提下帮助对方。职场中，帮助新员工能体现你的热情，但是要在考虑别人感受的前提下，做到既不批评他人又能让他得到提高，自然能赢得新员工的感激。

希伯特是某公司的一名办公室人员。有天晚上，领导紧急安排他和不熟悉的新员工罗伯斯负责接待一个客户。第二天早晨，因为时间有限，希伯特只好放弃到公司，交代罗伯斯带齐相关文件，约定了见面地点。见到客户后，才发现少了一份十分重要的资料。罗伯斯十分沮丧。在公司的会议上，部门经理发脾气说："你们竟然把这么重要的文件弄丢了，让公司损失了一个重要客户。"这时，希伯特站起身来，抱歉地说："对不起，是我没有按规定到公司，才导致我负责的一份材料遗失。公司的任何惩罚，我都接受。"一番担当的话让在场的新员工都十分佩服。后来，罗伯斯私下说："你没有任何过错，那份文件我从你桌子上拿走了，但是后来却弄丢了。"希伯特答道："我比你熟悉公司的流程，我更应该承担责任。"

面对部门经理的大发雷霆，作为老员工，希伯特即使不确定遗失文件是自己的原因，他也敢于承担责任，替新员工罗伯斯受过。他的出发点是自己负责的资料丢失了，哪怕是因为罗伯斯的粗心大意，自己也应该多一份担待，去承担公司的惩罚。这是对工作的责任心，更是对新员工的真心呵护。本来，罗伯斯并不熟悉希伯特，但是却被他真心的担待感动了。由此，罗伯斯自然成了他的好朋友，在工作中也会大力支持他。带新员工的时候，胸怀要放宽一点，将心比心，多担待他一些，才能打破与新员工的重重坚冰。

对于老员工，我们要以平等的心态与新员工交流，用自己的尊重和担待帮助新员工尽快熟悉工作。不管新员工是否理解你的良苦用心，只要你真诚相待，多用心与他们交流，就会赢得众多新员工的真心敬重，在日后的工作中给予你更大的支持和回应。

如何纠正下属的工作态度

现实中，很多员工常常会出现工作状态不佳、思想认识有偏差等情况，这就导致员工对工作无法尽职尽责，工作态度也不好。这时，身为领导，就应该用话语对他们进行拨乱反正，让他们的思想认识获得提升。这不但可以带他们走出迷津，更能激发他们的工作热情。

在一家餐厅里，有位客人居然让小孩当众大小便，这当即惹来众多顾客的指责。当顾客之间发生口角时，站在旁边的服务员小黄却暗自离开了。经理找小黄谈及此事，她却不以为然地说道："我负责的是客人的点单和上菜，卫生问题不归我管，况且又不是我引起的争吵！"经理说："小黄，你也许不知道，当年某名人名不见经传的时候，还为路边的一块井盖而耽误了自己的正事呢！井盖不是他家的，也不归他管，可是当他看见有人要抬走路边的井盖时，就责无旁贷地站出来指责了！知道他为什么这样做吗？因为这是责任问题。其实，我也并不是要指责你什么，但是我希望你能把餐厅当成自己的家来对待，如果自己家里的问题都不去解决，咱们有何资格说是家里的一员呢？"小黄听后，认真地点了点头。

对于小黄冷漠的工作态度，经理先是引用名人的小故事来作比较，巧妙地指出任何事情都跟员工有关系，不能不管不顾，以此让员工认识到自己的错误，也了解了怎样改变。现实中，很多员工工作随随便便，遇事时甚至坐视不理，工作态度很一般。这就必须让他们知道，公司是船，每个员工都是船员，只有船员拿所有的事儿当事儿，船才能好好航行，船员才有价值所在。这样，就会让员工的思想认识得到正确的引导，让他们的观念发生改变。

快递员小李在某物流公司上班，刚来公司时，他劲头十足，连续三周成了送货量最高的员工。可一年之后，他工作不但没有更上一层楼，反而经常丢三落四，有一次还差点弄丢一个顾客的贵重包裹。经理找到小李谈话说："小李来公司上班也一年多了吧！有没有想过五年之后你要干什么呢？"小李茫然地摇了摇头。经理继续说道："收件部的何主任你应该认识吧？他从一个普通的快递员到部门主任只花了四年时间，当然他也付出了比常人更多的努力！我知道你也是有能力的，如果五年后你还是在做这份工作，那这五年对你又有什么意义呢？你必须要为自己的未来考虑。我很看好你，我希望五年后，你能够胜任送件部的主任一职。而要做到这一点，你就必须从现在开始更加努力！"听完经理的话，小李在工作中又找回了当初的劲头！

长期从事送货工作，小李的责任心渐渐地被单一的工作内容消磨，形成了得过且过的消极行为，说到底，这主要还是缺乏正确的职业目标所导致的。这样消极的工作态度，也是思想认识有偏差的一种表现形式。此时，如果能像这位经理一样，为下属设定一个合理的职业目标，无异于让他们像在黑暗的大海中找到了灯塔的指引一般；更重要的是，这也会让他们的思想认识实现改变和提升，使他们有了奋斗的希望，进而激发出巨大的潜能和强烈的责任心！

唐某在一家服装店当销售员，她的销售业绩很好，但她只是个家庭主妇，只想有一份工作，从来没有想过做更大的事业。有一次，老板找唐某谈话，说："公司计划在中心广场的地下商场里面开一家分店，我想让你去那边当店长！"唐某犹豫着说："感谢老板的信任，但是我怕我不能胜任，到时候辜负了您的栽培……"老板叹道："其实我们开分店做公司就是上战场，你就是我一手培养起来的战士。如今，我拔剑四顾心茫然，因为我身边总是缺乏可以一起冲锋陷阵的战士啊！所以，很多时候战争还没开始我就已经失败了。可是，如果你能成为一名英勇的将领，还能带出一批战士的话，那到时候我们再上战场，只要我剑一挥，大家一齐冲上去，还愁打不了胜仗吗？"听完老板的一番话，唐某坚定地答应了下来。

当唐某怀疑自己的能力不能够胜任要职时，老板以战争为喻，用培养战士的说法，不但让唐某有了神圣的使命感，也顿时激发了她对公司的责任心。最后，在使命感和责任心的双重驱动下，唐某接受了老板的任命。现实中，很多员工由于个性等原因，信心不足，得过且过，抱着当一天和尚撞一天钟的错误思想，这时候，领导一定要展现出对对方的重视和信任，让对方明白责任的意义，从而让对方的思想认识发生转变，进而工作态度也发生转变！

不管什么样的工作，都需要有责任心的人去完成，这样我们的社会才能正常运转，人们才能正常生活。在企业中，当下属因为缺乏责任心而工作态度不佳时，领导一定要掌好企业的舵，用适宜的方法让员工的工作态度重回正轨！只有这样，才能将企业做大做强做好！

下属的很多失败，领导不该指责

交代下属做事难免会有失败的时候，管理者有必要给以告诫、批评。但是，并不是下属所有的失败都该受到指责。管理者有必要指责下属时，一定是下属的工作没有做好，也就是说有了失败的事实不得不纠正。有些情况下，即使下属做事失败了，也不能随便给以指责。

没有恶意动机的失败

刘某在一家文化公司当部门主管，有一次公司老总王某交代他去一家文具店采购一批文具。刘某去了那家文具店后，发现卖得挺贵，就选择上网店看看，结果发现网店上卖得便宜很多。于是，刘某决定在网上购买，这样就可以为公司省下不少钱。谁知道，网上购买的文具质量不过关，退换又不方便，给工作造成了一定的麻烦。王某见状，指着刘某的鼻子就开骂："你搞什么？谁让你省那几个钱了？我这么大的公司缺那个钱吗？网上买的这些能和实体店买的质量相比吗？你真是没事找抽，真让我失望！"王某一通恶训，把刘某骂得狗血喷头。风波过后，刘某总觉得在公司抬不起头来，时间不长就另谋生路了。

刘某上网买东西，本意是为公司节约开支，这个动机是好的，虽然买的文具确实不大好用，但因此就对刘某大加指责，显然过于苛刻了。如果下属基于恶意、懒惰造成失败，必须给予处罚，因为指责的目的是纠正和指导。如果下属是无心或动机良好就没有必要指责，只需指导工作方法就可以了。否则，对于已经痛心疾首的下属来说会造成更大的伤害。

没有确定结果的失败

1892 年，张某从国外引进 124 种酿酒葡萄品种，聘请法国热拉尔博士做园艺师，在烟台试种 100 亩葡萄，长势特别喜人。热拉尔说他有百分之百的把握，保证试种成功。可第二年五月，树枝都抽出了新芽，却还有 80 多种葡萄没有发芽。热拉尔觉得烟台的气温低，出芽晚也属正常。张某不懂园艺，觉得热拉尔是在糊弄差事，就说："你口口声声说有把握种好葡萄，保证万无一失，现在还有那么多葡萄没有发芽，你作何感想？同样是气温低天气冷，为什么有出芽的呢？我看你就会吹牛皮说大话，华而不实。我真是信错了你，100多亩的葡萄园种砸了。"热拉尔博士生气得也不辩解了，甚至都想一走了之。过了几天，气温回升后，所有的葡萄藤都长出了新芽。张某尴尬不已，赶紧跑去跟热拉尔博士道歉。

因为天气的原因葡萄藤没发芽，张某就等不及了，指责热拉尔博士的技术不行，把人家一顿批评。结果后来发现葡萄藤没问题，怎不让张某尴尬？什么事情都是动态的、发展的，在没有确定结果之前，对任何失败进行指责都是荒唐的。作为领导，如果你发现下属做事有失败的苗头，最要紧的是如何避免损失，给予纠正，而不是抓住下属的"小辫子"进行指责。

不可抗力造成的失败

养殖场韩总要求丁某送200头生猪到肉联厂，车都装好了，高速公路却因雾霾封闭了，丁某觉得走省道同样不安全，就让司机先睡觉，想等开了路再走。不料，雾霾没有散尽又下起了大雪，高速路依然没开。这样等了8个小时，最后总算把猪送到了肉联厂。肉联厂的老总因此非常不满，打电话给韩总，要求赔款。韩总马上打电话给丁某，嚷道："你不想干了是吧？别给我找客观原因，高速路封了不能走省道？不能走省道你就不能再想想办法？现在人家不高兴了，要求我赔款，你说怎么办？你负责吗？你负得起责吗？"丁某越想越窝囊，觉得自己应该另找一个安身立命的去处了。

有雾霾和大雪，高速路不能走，省道也危险，所以选择等一等应该是没有错的。而韩总无视雾霾和大雪的影响，对丁某蛮横指责，令人寒心，令人愤怒。下属做事情时，由于不能防止或不能抵抗的外在因素而导致失败，这当然不是下属的错，下属也没有责任，没有责任就不能指责。如果厉指责，必然导致下属心生怨愤。

作为领导，面对下属工作失败时，指责可能是难免的，也是必要的。但我们要切记，不是什么失败都该受指责。很多时候，领导首先要负起检讨、反思失败的责任，自己多检点、多承当。

面对固执己见的下属，该怎么说

影视演员小范刚到部队文工团，领导安排他拉大幕。这让小范灰心丧气，觉得自己不受重视，没有前途。虽然没有抱怨，但工作中都是被动地听安排，从不主动配合别人。一次，团长批评了他的态度。但小范说了自己的想法，觉得自己做的工作太普通。团长于是给他讲了拉大幕的意义："你以为拉大幕是不重要、意义不大的工作吗？你错了。拉开多少、到哪个音乐小节拉多少，这都是有讲究的。好的拉幕人员总能同台上的演员配合得天衣无缝，同剧情的发展协调。可以说，这直接影响着演出能否成功。如果你用心去揣摩该怎么去拉，其实也是在体验戏，对你以后的演员生涯都有帮助。"听了团长的话，小范说："我知道了，我要拉大幕拉出亚洲、拉向世界。"这句话看起来有点玩笑，但小范以后端正了工作态度。后来，因为大幕拉得好，小范还获过奖。

职场上总是免不了会出现各种情况，有时候下属或是个性心理使然，或是"脑筋不开窍"，然后顽固地坚持自己的意见，不肯改变。作为领导，如果对这样的员工放任自流，会大大削弱团队的执行力，危害整体工作。所以，必须说服他们改变冥顽不灵的态度。那么如何说服呢？

"利益型固执己见"比较说

近几个月，某公司老总井某决定委托一级代理商在属地招商，增加二级代理终端，公司按二级代理商销售额的5%发给一级代理商补贴。没想到，某市销售主管谭某并没有贯彻这项政策，他想"肥水不流外人田"，有钱让员工赚。井某督促谭某说："三个月了，你们区的二级代理还是零。"谭某说："我们的销售额还有所提高呢。"井某说："销售额有所提高，你提高了多少？不比北上广，比邻市总可以吧？邻市的销售额原来和你们不相上下，现在他们发展了八十多家二级代理，销售额增加一倍，员工减了劳动量，月薪反增两千多元，这还不算提成……"井某的话还没说完，谭某就觉得自己打错了算盘，后悔没有及时跟进公司的决定。

谭某为让员工多赚钱，坚持不发展二级代理，井某把邻市的情况拿过来与之比较，让谭某后悔自己打错了算盘。下属对眼前利益固执己见，转不过弯来，往往是眼界狭窄，只看到一面，而没有看到另一面。领导把下属没有看到的一面拿来做比较，让下属看到固执己见危害了自身利益，他们就不会再坚守自己的意见了。

"偏见型固执己见"举例说

为了避免观众拍照，荷兰博物馆女工范本尔建议，为关掉手机的观众免费发放纸笔，让他们临摹名画。这个建议被卢卡斯馆长采纳，但管理处长费力克斯却说，范本尔销售都干不好，能有什么好主意？费力克斯当班便不给观众发纸笔，常被观众投诉。这天，卢卡斯馆长对他说："费力克斯先生，这幅画价值连城，你知道作者是谁吗？对，是凡·高。凡·高是我的老乡，穷困潦倒，一生没一个女人爱他，最后活不下去，竟开枪自杀了。人们会不会因为这些就不喜欢他的画呢？当然不会。范本尔的境况比凡·高强多了。范本尔不擅长销售门票，她别的方面也不好吗？""那不一定。""对！我们不该'嫌屋及乌'。因为有偏见就漠视她的建议。何况她的建议已经变成公司的决定呢。"听了卢卡斯馆长的话，费力克斯转了弯子，感觉真的不该看不起范本尔。

费力克斯对范本尔有偏见，又固执己见，抵制她的建议。卢卡斯馆长举出凡·高的例子，说服费力克斯不能嫌屋及乌，使其转了弯子。下属因为有偏见而固执己见，你仿照其偏见举出一个不该有偏见的例子，对下属的偏见进行映射，下属对你的意思心领神会，立刻便能反思和纠正自己的偏见，这时候，你再想让他们固执己见都不可能了。

"情绪型固执己见"辩证说

销售部主管柳某和会计任某因为费用报销认定不一致吵了架，事情过去好几天了，柳某还坚持要任某道歉。这天，柳某又找王总说："任会计倚仗职权，报销费用刁难人，出言不逊，就这态度，必须跟我道歉。"王总说："是任会计的火气大，还是你的火气大？""当然是任会计的火气大，公司都搁不下她了。""为这件事，你已经找我三次了，任会计那边风平浪静，一次都没找过我，说她火气大不对吧？男子汉大丈夫，又是部门主管，话赶话和一个女同事吵起来，还揪辫子让人家道歉，你也太没有气量了。两个人抬杠拌嘴，不可能是单方面的问题，'一个巴掌拍不响'。任会计是女职工，堂堂大男人让女人道歉，总是不大好啊？"王总这一说，柳某脸一红，便打退堂鼓了。

柳某始终耿耿于怀，要任某道歉，王总则实话实说，辩证地讨论是非对错，给柳某的情绪降温，把他的固执己见浇醒了。工作摩擦波及情绪，往往使下属固执己见，阻碍工作。不良情绪是固执己见的前因，也是固执己见的动力。下属固执己见，我们务须摆事实、讲道理，帮他们"釜底抽薪"。刹住不良情绪这驾车，固执己见也就不复存在了。

下属固执己见影响工作，领导及时介入是应该的。但我们没必要施以长官命令，静下心来谆谆教导，他们会自己走出误区。

你给犯错误的下属什么

在某教培品牌创立之初，有位老师违反了学校的规定，在外有兼职。于总把这位老师请到办公室，然后以请教的姿态对他说："我有件烦心事，拿不定主意，想找老哥聊聊。""什么事啊？看你眉头不展的。"于总说："现在，咱们学校有的老师在外面兼职，按照规定，一旦发现，第一次就要罚款，如果再不改，就要开除。可是，我知道有的老师家里很需要钱，兼职就是为了多赚点钱，我实在不忍心罚。当然，要开除更不忍心。我这里开除他，连他兼职的学校都不会收留他，因为人家知道他有在外兼职的心思，怎敢放心用他？但是，如果都在外兼职，咱学校就别办了。我还得狠心，对不对？"这位老师一听，心里就明白了。他红着脸对于总说："难得你有这菩萨心肠，放心，在外兼职的老师听到你这番话，肯定会知错就改的。"

向下沟通看似容易，实质更能体现领导对人性的洞察与人文的高度。下属做错事了，领导不要一味批评，指出下属的错误时留下台阶和反思时间，无疑会取得事半功倍的效果。

给下属留下台阶

宗某从国外回来后，尝试运用西方公司的管理规范，重罚了几名违反制度的老员工，引起很大风波。老板了解后，找她谈话："我支持你用西方管理的理论来管理公司，而且你学以致用、敢想敢做的魄力很了不起，但一定要学会扬弃。西方管理的理论肯定有它的道理，但中国有中国自己的管理方法。不要忘记：国情不一样、文化不一样、发展阶段不一样。如果一味照搬西方的管理经验，也不一定行得通。只有员工真正服你，他才会听你的。倚仗权势让人服从只是暂时的，他会背地里跟你搞鬼。"宗某听后频频点头。

宗某的管理很严格，态度很坚决，如果老板一开始就说她不对，势必会引起她的反感。深谙中西方管理差异的老板，先是表明自己支持她，还表扬她干事有魄力，给了她台阶，接着，他仔细分析了中西方人力资源管理的差异，先褒后贬，使她更加容易接受他的观点，从而让她理解了自己的苦心，明白了拒绝员工申辩的做法是不对的。

给下属留下反思时间

小郑的文秘工作一直都干得很出色，然而这几天她却因为受到感情问题的困扰在工作中屡次犯错。杨总把她叫到自己办公室，说："小郑，这次你给我的报告有三个地方的数据错了。你的工作失误，让我在办公会上很难堪，董事长批评了咱们部门，这对咱们部门年终的绩效考评很不利。小郑，你怎么看待这个问题？准备采取什么措施改进？希望你下去好好思考一下，想好了后给我一个答复。"经理的婉言批评让小郑很感动，下班前小郑认真地写好了改进措施，还真诚地向杨总道歉："经理，对不起！我给咱们部门抹黑了。我一定要及时摆脱自己在感情方面的困境，静下心来干好本职工作，因为只有自己强大了，别人才不会小瞧自己。"杨总："很好，我同意你的改进意见，希望以后你能说到做到。"

当时小郑正受着感情的困扰，如果杨总直接批评她"你的失误对咱们部门业绩考评造成了极大的损失"，未必会使她认识到自己错误的严重性。杨总显然非常明白这一点，他先是向小郑说明她的错误带来的后果，继而征求她的意见，让小郑好好想想，给她留出了充分的反思时间。经过冷静的思考，小郑当然也就明白了经理的一片苦心。

身为上司，指出下属的错误时说话应委婉，如果能灵活运用上面所说的技巧，那么相信你一定能帮助下属认清自己的错误并及时改正，你必然也会受到下属的爱戴。

"滚蛋包子"该如何夹给员工

　　在古时候的买卖行里，有一个不成文的惯例：每逢春节，老板在店铺开市的头一天晚上，都要照例给伙计们办一桌丰盛的"便宴"。如果上年店铺生意不好，酒过三巡，东家便借此机会辞人。辞退的方法是先向大家念一番"苦经"，大意是世事艰难、商道维艰之类，念过"苦经"之后，东家亲手从早就预备好的包子中夹一个放在某个人的碗里。此人便立即会意——自己被解雇了，于是饭后卷起铺盖告辞而去。这就是民间所说的"滚蛋包子"的来历。老板如此大费周章、处心积虑地办"便宴"，给员工夹"滚蛋包子"，由此可见辞退员工的难处，古今皆然。那么，在不得已的情况下，管理者该如何给员工夹"滚蛋包子"才能既落实了工作，又不伤感情呢？

承诺辞退补偿，适当保障去除员工隐忧

因精简人员，某单位欲辞退做卫生员的临时工老唐。刘主任将老唐约到办公室，开门见山地说："老唐，按照上级要求，单位要精简人员，领导开会决定，下个月解除跟你的工作合同。"老唐不解地问："刘主任，是不是我哪里干得不好啊？"刘主任拍拍老唐的肩膀，说："不是你想的这样，你不要怀疑自己，而是今年上级的政策形势所需。我也想留你，但是编内的员工可能都要辞掉一部分，所以我根本无能为力啊。你是我见过的最诚实肯干的卫生人员。我们所连续几年被评为文明卫生单位，你有莫大功劳。我记得有一次为了文明评比，你一个人花了一周的时间，将单位的所有卫生死角清理干净，这足见你对工作的态度。鉴于此，我跟领导申请，会给你一些补偿。我想，凭你肯吃苦的优点，一定会找到更好的单位的。如果实在没有找到合适的新岗位，我再帮你想办法……"一番话消除了老唐内心的隐忧，最终毫无怨言地接受了辞退的决定。

在谈话中，刘主任开门见山地向老唐说明了单位辞退他的决定，看似残忍，实则是坦荡、诚恳的表现。在老唐表达了自己的疑惑后，刘主任又耐心解释，告诉对方裁员确实是上级政策的需

要，同时，他还举出实例夸赞了对方肯吃苦的优点，肯定了对方过去对单位做出的贡献，让对方对再找新工作充满了信心。在此基础上，刘主任还承诺，如果老唐被辞退后找不到工作，他会帮忙想办法，这样的承诺等于去除了老唐内心的隐忧，给他吃了一颗定心丸。

分析发展方向，理性负责赢得员工尊敬

某茶叶公司因为业绩不理想需要裁员。企划部尹总对新人小王说："小王，不瞒你说，咱们公司今年业绩不佳，所以咱们必须裁员。"小王沉默了一会，说："那是不是公司决定裁掉我？"尹总说："不是，我只是来找你谈一下的。公司现在有两个思路供你选择，一是你去销售部做销售，二是另找单位。做销售，主要是跑业务，压力比较大，也比较累。你是个很不错的企划员，年轻，很有潜质，所以我建议你找个新单位发展，你觉得呢？"小王面露难色，说："尹总，我才来公司一年，能不能让我再干几年熟悉业务？"尹总劝道："傻孩子，现在哪有永恒的饭碗？只有永恒的技术，你留下来不做最擅长的肯定发挥不了你的才智。所以还是闯闯对你发展好。"小王想了想说："尹总，那我就听你的，出去试试水。"

尹总辞退小王，先言及公司业绩不佳，让小王内心有心理准备，当事实揭开时不至于茫然失措。当小王忍不住主动问起是否要辞退自己时，尹总没有冷冰冰地告诉对方被辞退了就了事，而是替对方发展着想，先是给出小王两个选择，接着列举做销售的难处，这样就引导对方明白年轻人还是应该努力发展自己的特长。尹总一番劝解，从发展方向考虑让小王感到他是为自己的未来在考虑，让小王欣然接受了辞退的决定，而没有不满和怨恨之情。

建立情谊，入情入理温暖员工心脾

受国际金融危机影响，某建材集团在内地的订单骤减，公司决定辞退销售经理徐某。因此，公司陈董事长约谈徐某："小徐，最近几年其他公司的崛起对我司影响不小啊，我们现在国内的市场份额急剧下降。这是形势所逼，没办法啊。现在公司想聘入一个精通国外营销的经理，去拓展国外业务，他们要求你暂时先离岗，这让我很为难！"徐某说："陈董，你的难处我完全理解。你说吧，我听公司的安排。"陈董说："这么着吧，我认识的同行比较多，我先帮你打听打听，看看是否有公司需要用人。"徐某动情地说："陈董，您那么忙，不用添麻烦了，我觉得还是我自己出去找找更合适。"陈董说："小徐，你总是为公司着想啊，谢谢你。等金融危机过后，公司好了，我再请你回来！我没别的，下午给你打点儿钱过去，是我的一点心意，也是对你这些年的奖励。"说完，两个人的手紧紧握在了一起。

为开拓国外市场，减轻对国内市场的依赖，公司决定辞退销售经理徐某，是被逼无奈之举。然而，辞退徐某又必须做得漂亮，毕竟公司业绩不佳不能将责任全部推给他，让他做替罪羊显然有失公平。所以，陈董在约谈对方时，循循善诱，让对方明白自己此举的无奈，后又在情谊上做足了文章：想为对方寻求岗位，给对方铺退路，还说以后有机会再请对方回来。这样，不仅让徐某没有了抗拒感，反而还与自己真诚相待，结下情谊。

辞退员工时领导该怎么说话，已经成为当下许多管理者的头疼之事。通过上述例子，我们可以明白，辞退员工决不能冷言冷语，硬逼对方离去。而要思虑周全，温言细语地多站在对方的角度考虑一下对方之后的发展处境，这样既能落实裁员的工作，又能保全双方的感情，树立良好的企业形象，可谓两全其美。

第八章

为什么有些人容易

摔倒在成功后

爱计较，你的未来不会太好

在职场，对某些小事过分计较，"捡芝麻丢西瓜"，往往得不偿失。有些事情自己看着重要，而实际不见得重要。以为自己吃亏便斤斤计较，毁了职场人缘，也堵了职场成功之路。

计较金钱

公司高层派周某去海南与一位大客户谈合作项目。周某于是出差去了海南，并不辱使命地谈成了一笔大生意。公司高层对此非常满意，奖励了周某几万元的酬劳。周某高高兴兴地领了奖金之后，就去报销差旅费。别的报销没有问题，但有几张几元钱的公交车票不正规，财务部不给报。因此，周某非常不满，说："我明明就是要坐这几趟公交车，你们也不是不知道，为什么就不给我报销这笔钱？"同事劝他说："你都得到那么多奖金了，几块钱你还计较什么啊？"但是周某说："不行，奖金归奖金，这个公交费一定要报销给我，我才不干赔本的买卖。"周某的话传到了公司高层的耳朵里，领导对他非常失望，以后有客户谈合作，也就不派周某去了。

周某受公司高层重用，事成之后的奖金也不菲，可他却因为几元钱的公交车费无法报销给他而斤斤计较，公司高层怎么会不对他失望？上班的目的是养家糊口，挣钱天经地义，是第一位的。但如果因为一点点的小钱而斤斤计较，那就不大合适了。特别是本来职场已经给你带来丰厚的利益了，却因一点小小的付出让领导或同事难堪，不毁了自己前程就怪了。

计较工作

一个调度会在某大酒店召开，会期六天。酒店侯经理发现会务部人手不够，就想把客服部的郝某抽调过来，让她那几天帮一下忙。毕竟郝某在客服部的工作做得很出色，相信来会务部帮忙也是一个好帮手。谁知道，面对侯经理的安排，郝某是一百个不乐意，冲着侯经理发牢骚说："好事轮不到我，干活总能找到我头上？别人的事做不完拿我顶，凭什么啊！"侯经理说："你看大家都在忙，都腾不开手，你做客服本来就没有太多的事情，所以才让你帮一下忙的，到时，我会跟财务说一下，给你一点补贴。"郝某恨恨地说："我才不稀罕那一点奖金呢！我的工作本来就这些，凭什么要我干别人的活儿啊？"每次有临时性工作，郝某都牢骚满腹，侯经理觉得这样的员工太矫情，没过多久就辞退了她。

侯经理安排比较清闲的郝某做一些临时性工作，这本来是员工义不容辞的工作范畴，但是郝某却颇有微词，牢骚满腹。试问，领导怎么能喜欢这样的员工呢？职场是动态的，在分管工作之外，难免被分派些临时性工作。有的人对临时性工作不认可，落到自己头上便讨价还价，好像在受虐待似的。工作上斤斤计较，多干一点都不舒服，谁能对你有好看法？

计较功劳

公司要举办一场大型招商会，领导安排李某和姜某一起负责办理。姜某为人比较敦厚，所以负责布置场地等事宜，而李某人脉比较广，就多一些跑外面找关系的事情。在整个举办过程中，两个人都付出了不少的精力和心血。后来招商会圆满结束，领导非常满意，就分别提升李某和姜某当项目部的副组长。但是李某却不满意了，他抱怨说："小姜哪有我那样天天跑外面那么辛苦？

他都当副组长了，我怎么着也得是一个正组长吧？这样分功劳，不是特别公道。"领导说："这件事你们都有功劳，小姜做的也很多。"但李某还是在私下跟同事抱怨，觉得领导不公平。领导知道这些事后，心里很不舒服，而姜某就更不爽了。

李某对于功劳的大小斤斤计较，怨天尤人，没法满足，怎不让领导觉得不高兴？有一些人总是过于计较自己的利益，对于功劳，就更是计算得清清楚楚，其实，这有意或无意之中会伤害了同事，最后使自己变得孤立。殊不知，面对功劳，多一些谦让，多一些分享，这种豁达的处世态度无疑会赢得人们的好感，也会增添你的人格魅力，会带来更多的"回报"。

以斤斤计较寻求心理平衡，可以得到一些廉价的心理满足，但被领导和同事看轻，损失非同小可，你的成功必然变得渺茫无期。

成功的时刻，你可别摔倒了

　　某部队的作战训练班就要结业了，每位学员都摩拳擦掌，期盼着最后的作战演习。"你们自认为是身经百战了吗？"教官说，"我敢说，有不少人会掉进我的陷阱！"看到这些学员有点不服气，教官突然变得严肃起来："我的陷阱不必挖深，但保证你们大部分会掉下去，而且就算爬出去，也绝对赖不掉。"

　　作战演习终于结束了，到达了最后的集合地点，很多人都是一副苦相，身上臭烘烘的污泥弄得他们手足无措，因为他们掉进了陷阱。而陷阱就挨着一个水沟，沟里的泥弄得他们全身都黏糊糊的。"教官也太可怕了！"一个学员抱怨道，"他居然挖了两个陷阱！我们刚跳过一个，正想放松一下，就掉进了下一个！"教官严肃地说："没有人规定陷阱的后面一定要是坦途，你也永远不知道下一个陷阱在哪里。记住这次教训，任何时候都不要松懈。

在战场上，哪怕一秒钟的松懈都会要了你们的性命！"

学员们小心谨慎，很容易就躲过了第一个陷阱。他们以为成功了，于是松懈了，结果在下一个陷阱栽了跟头。战场如此，职场又何尝不是这样呢？有很多职场中人，在危难面前打起了十二分的精神，付出了百分百的努力，安然渡过。此时，他们以为危难过去了，应该放松一下、庆祝一下了，结果下一个危难接踵而至，猝不及防的他们手足无措，摔倒在了成功之后。

　　某演员是大家喜爱的演员，而某电视剧也曾红极一时。可却很少有人注意到，该演员曾在剧中出演过角色，而且镜头还不少。当年初入影视圈的该演员兢兢业业，十分努力，凭借在某电影中的精彩演绎赢得了不少圈内人士的好评，大家都觉得一颗新星正在冉冉升起。而他自己也有些飘飘然的感觉。

　　这时，电视剧剧组找到了他，希望他能在里面演个配角。他们还把剧本给他，说："里面的几个配角，你随便挑。"挑角色对一个演员来说是十分慎重也十分重要的事情，可此时正是志得意满的他却满不在乎地说："我演什么都行，你就把那个台词最多的配角给我吧。"剧组果然把台词最多的配角给了他，可演过之后他才发现，这个角色和自己的形象完全不符，在剧中台词虽多，却缺

乏特点，很难给人留下深刻印象。电视剧播出后，很多
人都不相信那是他演的。从此很少再有人找他拍戏，他
险些因此而葬送了自己的演艺生涯。还好，他吸取了教
训，此后一刻也不敢放松自己，终于在另一部电影中一
炮而红。

因为出演某电影，该演员取得一些成绩，获得了一些好评，
便自我膨胀、飘飘然起来。在选择角色时，他也没了以前的细心
和谨慎，结果差点葬送了自己的前程。取得成绩后，不但是人最
容易松懈的时候，也是一个人最容易自我满足、自我膨胀的时候。
而一个真正能在职场一路前进的人所必须具备的一点便是：时刻
保持清醒的认识，绝不能被眼前一时的成功迷惑。因此，当取得
一些成功后，你首先要做的不是自我陶醉，不是庆功，而是仔细
回顾，为什么会取得这次成功，还能不能做得更好，只有这样，
你才能在职场上不断进步。

　　魏某在一家广告公司工作，一次他设计的方案客户
十分满意，他们说："这是我们见过的最好的广告方案。"
并直接将一个新的项目交给了魏某的公司，点名要魏某
做设计。
　　公司的同事都为魏某感到高兴，一个朋友说："我
要是你，就好好让自己放松放松。取得了这么好的成绩，

怎么也得犒劳一下自己。"魏某却说："现在还不是犒劳
自己的时候。客户肯把新项目给我，那是希望我拿出更
出色的方案。可是，上个方案对我来说已经是超水平发
挥了，这一次怎么样超越上一个方案，对我来说是一个
很大的挑战。我不能松懈，如果这个方案做好了，客户
会更信任我们，会继续跟我们合作；如果做不好，连我
上一次的成绩也会被抹杀掉，说实话，我压力很大，必
须加倍努力！"朋友听后连连点头称是，老板听说这些
话后也对魏某大加赞赏。

成功后，你首先想到的是什么？是去庆祝一下，放松一下一
直以来紧张而疲惫的身心，还是先想到该如何超越自己，把成功
一直保持下去？成功的喜悦固然令人振奋，然而你也千万不要忘
了伴随成功而来的危机。打江山容易守江山难，获得一次成功并
不难，可如果你一不小心，就很可能丢了成功带来的果实。唯有
时刻不忘危机感，兢兢业业，努力超越自己，才能从一个成功走
向另一个成功。

机遇总是伴随着风险，同样成功的近邻便是失败。成功之后，
是一个人最容易松懈、最容易自我满足的时候，也是一个人最容
易忽视危机的时候。这个时候，如果你不能保持清醒的头脑，很
容易栽跟头，摔倒在成功后。越是成功，你越应该警惕，越应该
付出加倍的努力，这样才能不断进步。

莫把功劳当作你跟老板讨价还价的筹码

　　看过《红楼梦》的人对焦大这个人物都不会陌生。他是宁国府公司的元老，曾从死人堆里把奄奄一息的老板背出来，为宁国府公司立下了汗马功劳。可这样功劳卓著的老臣，最后却没啥好结果，为什么呢？因为他居功自傲，没事了就骂中层领导——赖大管家，即使对新老板，也是想骂就骂，全然不给新老板面子。最后，新老板让人把他捆起来，用泥土和马粪满满填了他一嘴。

　　焦大对宁国府有功，可他却把这功劳当作筹码，居功自傲，为所欲为，完全不把新老板放在眼里，终于惹怒了新老板，受到了惩罚。职场上，为公司做出了贡献，是值得尊敬的，可无论如何，这功劳都不能成为你的筹码，否则不但会给公司造成损失，也会毁了自己。

由于车间主任刘某的失误，装配车间未能完成生产任务，使得公司大批产品无法按时交货，不但要赔偿客户损失，更重要的是给公司声誉造成了极为不利的影响。公司领导决定免除刘某车间主任的职务。刘某找领导求情，说："当年困难的时候，我对公司不离不弃，三个月不领工资照样玩命干活儿。还有那年公司发生火灾，也是我老刘冲在最前面，冒着生命危险保住了公司的技术资料……我对公司付出过多少，您是最清楚的。请您看在这些功劳的份上，就原谅我这一次吧！"领导说："你确实为公司做出了巨大的贡献，这些我都知道。可公司的中层干部、骨干员工，哪一个没为公司做出过贡献？如果有功劳就可以犯错，公司还怎么运行？你犯了这么严重的错误，如果我不罚你，怎么服众！"刘某无话可说。

刘某的功劳不可谓不大，可功劳是功劳，错误是错误，二者不能混为一谈。正如领导所说，能在公司立足并有所发展的人，哪一个不是为公司发展做出过贡献、立过功劳？如果人人都这样以功劳为筹码，来抵消自己的错误，公司还怎么发展？作为公司的员工，为公司的发展做出贡献是你分内的职责，也是你在公司立足并取得发展的根本，而不能成为你犯错后推脱责任、免受惩罚的理由和借口。

　　王某在和客户谈一个项目时，因为自己的疏忽，竟将报价搞错了，致使马上要签合同的项目泡汤。同事劝他："你把项目搞砸了，赶紧去找领导检讨吧！"王某却不在意地说："我前段时间，刚刚靠自己的人脉给公司拉了一个大项目，是有功之臣。这个只是一个小项目，即使搞丢了，也只不过是功过相抵罢了，领导不会说什么的。"后来这些话传到了领导耳中，他很生气，对王某说："无论如何，做错了事，首先要有一个认错的态度。什么叫'功过相抵'？那个大项目是你自己的吗？没有技术支持人员的前期支持，你能拿得下来吗？没有公司大量人力物力的投入，你能拿得下来吗？而这个项目虽小，公司也投入了人力物力，是你的错误让这些都付诸东流，你却连一点悔过的态度都没有，怎么能成大事？"王某低下了头。

　　犯了错误，一不想该怎样弥补，将危害降到最低，二不想该如何主动承担责任，给公司和同事一个交代，却自恃有功，满不在乎，这样的人领导和同事怎么会喜欢？身在职场，你应该明白一个道理：任何一项工作，离开了公司和同事的支持都不可能成功；而你的任何一点错误，都可能给同事和公司造成损失，使他们的努力白费。因此，即使有功了，也应该多思考其他人的付出，而不能把功劳当成自己的筹码；而犯了错误，就应该多反省自己，多考虑自己给公司和同事造成的不利后果，勇于承担责任，这样的人才能赢得领导和同事的信任！

杨某是一家公司的人事副总。一次，他审查前一阶段招录的新员工的资料，发现一个人无论是资历还是学历都不符合公司规定，却被招了进来。他了解到，原来这个人就是公司负责招聘的人事主管王某的儿子。杨某把王某叫过来，问他这是怎么回事。王某说："我儿子确实不太符合条件，可我为公司工作了一辈子，也立了不少功劳，却从没提过什么要求。现在，就是希望把自己的儿子弄进来，这一点小小的要求不过分吧！"杨某寒着脸说："怎么不过分？我看是相当过分！你是为公司工作了几十年，可这几十年来，你不也一直在公司领薪水吗？你能过上富足的生活，在社会上也受人尊敬，不全是因为公司吗？你为公司做出了贡献，可哪一次公司没有给予你表彰和奖励呢？公司并不欠你的，而你却损害公司的利益来满足自己的私利，这是一个合格的员工该做的事吗？"最终，不但王某的儿子被开除，他本人也被降职。

很多人会有这样一种思想：我为公司做出了贡献，因此从公司索取一些哪怕是不正当的利益也是应该的。可你有没有想过，对于你的贡献，公司早就已经通过薪水、精神表彰和物质奖励等方式给予了补偿，公司并不欠你的。因此，如果你想以自己的功劳为筹码为自己谋取额外的利益，那就会损害公司的利益，就是损公肥私。这样的人，眼里只有自己，而没有大局观念和集体意识，怎么能成就一番事业？而且，你损公肥私的行为首先就已经破坏了公司的规章制度，即使你功劳再大也不能凌驾于制度之上，受到惩罚只是迟早的事。

你为公司做出了贡献，立下了功劳，公司和领导都会记住，你的功劳会成为你前进道路上的强劲助力。可是，如果你以功劳为筹码，推卸自己的责任，谋取不正当利益，只会暴露你没有大局意识、自私自利的一面，毁了自己的职场前途。

有些人很牛，为何却成就不了"霸业"

齐桓公想干一番霸业，于是问管仲："寡人不幸而好田，又好色，得毋害于霸乎？"管仲是怎么回答的呢？"无害也。"齐桓公还是不放心："然则何为而害霸？"管仲说："不知贤，害霸；知贤而不用，害霸；用而不任，害霸；任而复以小人参之，害霸。"听了管仲的话，齐桓公尊管仲为"仲父"，"国有大政，先告仲父，次及寡人。有所施行，一凭仲父裁决"。在管仲的辅佐下，齐桓公这个好色之人成了声名赫赫的"春秋五霸"之首。可是在现实职场中，领导往往会犯"害霸"的错误。

"不知贤，害霸"

在一次采访中，某导演说："如果不是因为我当年的失误，我以前弄的电影公司，现在一定会是很牛的电影公司。"他为什么这么说？原来，当年公司里有一位编剧王某，来了几个月，却连一个剧本都没交上来。该导演追问原因，王某解释说："我是'慢工出细活'那种，需要更多一点时间才能写出好的剧本。"该导演不屑地说："我也是个编剧，某电影我只写了两天，另一电影至多不过一个星期。你这么久都写不出来，就是没有料。我有我的识人标准，是不是人才我一眼便知。兄弟，你明显达不到我的标准。"最终，他炒了王某的鱿鱼。可不久之后，王某就拍出了数部经典电影。回想当时，该导演摇头感慨："我当时因为自己的固执，错过了一位电影奇才。非常遗憾！"

如果王某当初没有离开公司，那必定会让公司蒸蒸日上，但该导演因为固执己见，用自己的一套选人标准，以偏概全地衡量人才，错失了王某。一个好的领导，选人不能偏激和单一，应该用人所长，避其所短，不可求全责备。如果领导不知自己团队里有能人，不知谁是能人，就不可能带领这个团队实现组织目标，不可能帮助团队取得"霸业"。

"知贤而不用，害霸"

金宣宗刚即位时，雄心勃勃，还与蒙古进行了大战。但被蒙古打败之后，他逐渐变得胆小怕事，只想着如何躲避蒙古。当时，葛城有个人叫刘炳，非常有才学。考中进士后，他立刻向金宣宗上了条陈，列出十条强国大计。金宣宗看过刘炳的条陈后，认为他不同凡响，就把他召到面前问他一些问题，结果发现刘炳也讲得很好，有见地。然而，金宣宗没有采纳刘炳的建议，更没有重用刘炳。有大臣问金宣宗原因时，金宣宗解释说："他太聪明了，如果我重用他的话，我担心国家会有大的改变。到那时，我不知道自己会处于何种境地。所以，我不能重用他。"金宣宗发现人才而不能破格使用，尤其是在国家危难之时，犹如明知药能治病而不用药，结果造成国家人才的枯竭和金王朝的迅速灭亡。

明明知道团队里有人才就是不用，这是领导嫉贤妒能和心胸狭隘的典型表现。持有"你有本事，我就是不用"的观念，主要出于领导只顾个人利益或仅仅心理的不平衡，从妒忌深化为嫉恨。其实，明知人才而不用，比不知人才更可怕。领导如果为了其微不足道的自尊心，因恐惧不用人才，那他带领的团队，往往人心涣散、混乱黑暗、四分五裂、一盘散沙。

"用而不任，害霸"

小林曾经只是一个小商贩，因为善于经营而被媒体报道，后来某公司的老板黄总看中并高薪聘请了她。黄总给了小林销售部门经理的身份，但只让她做一些琐碎的事务。小林坐不住了，后来她想到了一个为公司开辟水果市场的计划，并对黄总说："如果您把这件事交给我去做，我会完成好的。"但黄总否决了，最终他交给另一个人去做。一段时间后，那个人也没有做出什么成绩来。于是，小林又主动请缨，想去一展身手。这次，黄总坦白说："我知道你是个人才，但现在就把这么大的任务交给你，我实在不放心。要是失败了就完了。"小林感觉不到信任，终于离开了公司，自主创业，后来成为成功的水果商人。而黄总现在只能后悔放走了小林，不然的话，小林开辟的市场或许就是他的。

如果知道某个人是人才，也分配给他某个职位，可是却不敢放权，那又有什么意义呢？现实当中，领导出于某种需要，有时想使用人才，可又顾虑重重，总是不给委派相应的任务。这种用而不任的做法，只会让人寒心。如果用而不任，人才不会和领导同心同德。而离心离德的团队，又怎么可能取得大的成就？

"任而复以小人参之，害霸"

迈尔斯想要继承父亲的遗志，收复被鲁格王侵占

的城堡。为此，迈尔斯找到希德帮忙。希德当年是老
迈尔斯的部下，后来兵败投降鲁格王。虽然希德一直
在为鲁格王效力，但他无时无刻不想着光复迈尔斯家
族的领导权。迈尔斯秘密封希德为军事大臣，由他全
权负责军事行动。没想到的是，迈尔斯的弟弟科勒嫉
贤妒能，为了破坏原定计划，便对迈尔斯说希德可能
是双面间谍，不能信任。迈尔斯刚开始还不信，但经
不住科勒的再三进谗，于是，就逐渐地把兵权给转移
了。他还对手下说："希德长期效力鲁格王，受他的恩
惠，现在也许已经忠诚于他了。我几次催他发兵，他
都推托说时机未到。"希德听后非常生气，最后以死明
志。而迈尔斯因为少了希德，他的军事计划也以失败
告终。

　　领导如果不信任人，就不会真正做到放心、放手、放权，而
组织成员知道领导不信任自己，也就不愿也不敢认真努力放手地
工作，其结果势必会影响到整个组织的工作效率。领导一旦用了
某个成员，就要相信他会为组织尽最大的努力，这样，他才会感
觉到自己得到了重视，只有能力得到了你的肯定，他才会为实现
组织目标尽自己最大的努力。

　　一个霸主想要成就霸业，都十分讲究对人才的识、选、用、
育、留。在职场上，作为一个领导，也应该如此！当然了，领导

难免会有用人的失误和遗憾，但我想，只要把这四"害霸"牢记于心，并在实践中正确加以运用，就能把企业做强做大，成就一番事业。

勇于突破自我，才会取得更大收获

　　宋某在一家科技公司工作，身为技术人员，他在公司拥有股份，加上工资、福利和年终分红，收入很高。工作五年，车子、房子、妻子、孩子、票子都有了。宋某再也不像以前那样努力钻研技术了，他觉得那都是新人的活。他每天的工作很简单，机械重复，慢慢地，他觉得枯燥无味，想干点什么却又不知道干什么，自己创业没激情，跳槽待遇还不如现在；在公司做下去，又觉得没前途。很显然，他遇到了瓶颈。可是，那些比他晚进公司的很多人职位比他高，待遇也比他好，一个个精神饱满、充满斗志。这让他很不解。

很多人就像宋某一样，当工作一段时间，事业进行到一定程度时，便会呈现停滞不前、收效甚微的状态，使发展陷入困境。这就出现了所谓的瓶颈期。对工作失去原有的热情，业绩平平，对前途也产生迷惘，不知道该怎么办。为什么会出现瓶颈期？有研究者这样解释："如果日复一日重复地工作，像机械一样，没有突破和创新，精神上就会感到疲劳，这时候就感觉如遇瓶颈。但是，如果平时给自己的工作注入新鲜血液，勇于突破，就不会遇到瓶颈。"这段话告诉我们，勇于突破，职场才不会出现瓶颈期。

　　某演员进入演艺圈之初，总是演一些妩媚动人的少女，塑造的形象深入人心。凭着这些角色，她证明了自己的演技，也大红大紫，成了一线明星。可是，后来她拒绝了几位导演的邀请，不再出演那些少女角色。她想要新的挑战，想尝试更多的角色。于是，她先后出演了很多不同类型的角色。她的角色多变，演技高超，最终塑造了更多经典的角色，奠定了自己在娱乐圈的地位，并成为走上国际舞台的巨星。

"人无千日好，花无百日红。"但是在娱乐圈也有很多常青树。同那些昙花一现、不红不紫的明星不一样的，就是他们勇于突破自己，挑战一个又一个角色，跨越一个又一个高度。在职场上，一些人刚开始充满激情和活力，取得了一些成绩，便志得意满、停滞不前，开始陷入平庸之中。而时代在前进，你停滞不前就会落后，或者被淘汰。只有勇于突破、发展才不会陷入困境，才能不断取得新成绩。固有的思维模式，固有的工作方式，固有的自我定位，自己平时的交际圈，这都可以突破。突破一个方面，就能发现不同的自己，开辟一片新天地。这样的人永远没有瓶颈期。

某软件公司老总马某是个勇于突破自我的人，在他的开创下，该公司的一款应用程序拥有了庞大的市场，其他同类产品望尘莫及，用俏皮话说，是被"落下几条街"。但是，马某居安思危，他对公司员工强调："今天领先，可能明天一醒来就发现有人追上甚至超过了。我们必须有新的突破，才能立于不败之地。"当该公司在中国市场推出一款新的应用程序时，有人说，这是自己和自己竞争，是想打败之前的产品。马某却说："你不打败自己，就会有人打败你。"后来，新产品在与竞品的较量中大获全胜。

居安思危，是勇于突破的动力源泉。自家产品大大领先，马某并没有躺在功劳簿上睡大觉，而是自我加压，寻求创新，取得了新的辉煌。竞争激烈的年代，变化日新月异，谁能勇于突破，敢于创新，谁才能立于不败之地。在职场上，取得多少成绩，获得什么样的地位，都是暂时的，如果不居安思危，缺乏突破，先是会遭遇发展的瓶颈，而后就是被淘汰。不要等瓶颈期来了再想突破，因为，那时已经晚了。

突破来自于哪？看似一时的突破，其实源于平时不断的努力和探索。就像一个巨大的难题，瞬间想到办法解决了，都是平时的思考、实践、努力的结果。所以，多想想改变和创新，为突破积攒力量和智慧，职场就不会有瓶颈期。你天天为工作投入热情，经常有收获、有进步，哪里会遇到瓶颈？只有那些贪图安逸、不知进取的人，在遇到事情时才会不知所以，不知所措，才会出现瓶颈，最终失败。

这些明朝开国大臣为什么没有好下场

众所周知，明朝是由朱元璋带领一帮文臣武将打出来的。然而明朝建立以后，朱元璋却对开国大臣大开杀戒。很多人认为朱元璋是"卸磨杀驴"，但事实真是如此吗？如果我们仔细分析，就不难发现一些开国大臣自身存在着很大的问题，最终使得朱元璋不得不对他们痛下杀手。

凉国公蓝玉

蓝玉屡次统率大军作战，多次立功，朱元璋待他十分优厚。没想到，蓝玉渐渐地骄傲自满，蓄养了很多庄奴，这些人都仗着蓝玉的威势暴虐凶横。蓝玉北征元军回来时，半夜敲击喜峰关关门，关吏没有及时开门接纳，蓝玉纵容士兵打破关门长驱直入。蓝玉还作威作福，抢占了东昌的民田。凡此种种，让朱元璋很不高兴。先前，朱元璋想封蓝玉为梁国公，因他犯错改封凉国公，还把他的过错刻在铁券上。然而，蓝玉仍不知悔改，依然居功自傲，不但在军中擅自罢免和提拔军官，独断专行，而且在侍奉皇上的宴会上出语傲慢，根本没有把朱元璋放在眼里。蓝玉入朝上奏时，如果朱元璋没有采纳他说的话，他便不高兴，甚至给朱元璋脸色看。洪武二十六年，朱元璋以谋反罪将其满门抄斩。

蓝玉虽然打了很多胜仗，令人佩服，但是不能因此就变得骄傲自满、狂妄自大起来。其实，员工对公司做出的贡献，领导是不会视而不见的。但动辄以辞职和跳槽相威胁是不可取的，这是对公司、老板权威的挑战。就算企业一时间离不开你，领导暂时隐忍不发，但也许哪一天公司就会将你扫地出门。因此，居功自傲的蓝玉会有这样的下场，实在也没有什么奇怪的。身在职场，无论取得过什么样的成就，都应谦逊进取。

宋国公冯胜

冯胜是个帅才，很早就跟随朱元璋打天下。常遇春死后，每逢大军出征，一般都是徐达居中，李文忠、冯胜居左右。徐达大败于王保保之役，李文忠的右路军亦败北，唯独冯胜所领之军大胜，可见其能力。冯胜屡立军功而受封宋国公，可谓位极人臣。但是，冯胜有个非常大的缺点，那就是贪财。每逢战胜，冯胜往往夺取财物、妇女私匿。朱元璋治军以严，因此对冯胜极为不满，切责之，不赏，但往往因功大而免其罪。还曾经多次罢兵权，又多次复兵权。徐达、李文忠死后，朱元璋在军事上不得不更多倚重冯胜。然而也因此，冯胜更加有恃无恐，每每中饱私囊，无所不贪。朱元璋忍无可忍，最终将他赐死。

冯胜虽然经常打胜仗，帮朱元璋做了很多事，但他总是做些偷鸡摸狗的勾当，经常中饱私囊，试问这样的下属，哪位领导会喜欢？其实冯胜也已经大富大贵了，为什么被欲望左右，屡次踏进职场雷区，触怒领导呢？俗话说："贪小便宜吃大亏。"别人的小便宜贪不得，公司的小便宜更是贪不得。管理学上说，公司的形象和效益，往往就葬送在那些贪小便宜的人手中。那些贪小便宜的人，最终也会因为他们的行为受到惨重的教训。

永嘉侯朱亮祖

朱亮祖虽然早年是投降过来的，但也是战功显赫，参与攻灭陈友谅、张士诚等役。洪武元年，朱亮祖还随廖永忠取两广。作为一位降将，朱亮祖非常意外地被封为永嘉侯。由此可见朱元璋对他的赏识和偏爱。然而在广东时，朱亮祖多有不法之举，且勾结当地恶霸为非作歹。当地的知县道同找他沟通，结果朱亮祖对这个小知县不屑一顾。道同无奈，只得上报朱元璋。朱亮祖非常不满，于是也弹劾道同。朱亮祖的奏折先于道同被送至南京，朱元璋看到朱亮祖奏折后，下令赐死道同。后来，朱元璋看到道同的奏折后方知道事情真相，悔恨不已，将朱亮祖召入京，当面说："你要是犯点错我还可以饶你，但你竟然陷害别人，我怎能饶你？"朱元璋愤怒无比，将其鞭打至死。

朱亮祖被鞭打至死，令人毛骨悚然的同时，也令人觉得他是咎由自取。他不但自己做了违法的事，还使用奸计陷害同僚道同。这样的员工，就算以往的功劳再大，领导也是不可能饶恕的，否则公司岂不乱了套？身在职场，你可以没有作为，但起码不能陷害别人。如果因为看同事不爽，觉得同事碍手碍脚，就给同事使绊子，暗地里伤害同事，那不但纸包不住火，而且难免会惹火烧身的。

纵观朱元璋对很多大臣的处理方式，也许他真的是在"卸磨杀驴"，但是只要真正了解历史的人，就会发现朱元璋杀掉的这些大臣，几乎都是因为自身犯了职场大忌。就算朱元璋想除掉他们，也是拜他们给了朱元璋一个除掉他们的理由。职场朋友，请以史为鉴吧。